挑戰你的信仰

李恕權◎著

特別感謝

我的妻子給我充分的空間，讓我能安心地寫完這本書。
好友*Michael Pianga's*給我的靈感與支持。
助理英傑，你耐心地整理一大堆做不完的檔案資料。
最後，我的筆記電腦……這次你只當機了一次。
這我還可以接受……下次不准了喔！

前言

你現在面臨的瓶頸我瞭解，你的心痛我可以體會，你的絕望我知道，你的困惑我也感覺得到……因為我也跟你一樣曾經痛苦過。

無數的困難，人生的起伏，當我在最失意的時刻，我感謝上帝一步步的帶領我走出每一個困境。祂看過我悲痛，看過我流淚，也看過我心碎，但祂從來沒有孤獨的讓我一個人度過這些日子。

不論你相信上帝，或不相信上帝或許你有一個不同的信仰，我都尊重你的想法，更不想改變你，也沒有企圖向你傳教。

只希望藉著這本書，將歷年來自己親身走過與看過的，誠心與你分享。或許在這些分享之中，能為你在現實生活中所面臨的困難與挫折，提供一些實質的應變之道。

雖然我個人深愛上帝，但我不想在嚴肅的宗教色彩下寫這本書，如果我用了《聖經》上的話，請不要介意，那只是我對其它宗教的無知，不知如何引用其它的經文供你做參考。

在此，感謝你給我機會與你分享生命中的一些奧秘。更希望當你在面臨現實困難時，能用得上。

目錄

信心是一切力量的開端

找回信心的四個方程式

這一陣子為了籌備國際知名的百老匯歌劇《貓》在台公演事宜，讓我與全體工作同仁都徹夜忙碌。今天一早到了辦公室，發現我桌上有個電話留言便條：「××航空公司易小姐來電」。

看了這便條，我的心情就開朗了起來。因為，××航空公司是《貓》劇這次來華演出最大的幾個贊助廠商之一，而易小姐是位性情非常開朗的人。

我依留言上的號碼，撥了通電話給易小姐。易小姐很客氣地告訴我，他們公司下個月將在大陸福州舉辦一場高爾夫球公開賽，並且希望我能參加，費用由他們公司招待。

我聽了先是楞了一下，怎麼會找我這個完全不會打高爾夫球的人參加高爾夫球比賽呢？這不是找死嗎？

雖然工作很忙，可是連續忙了這麼久，我也真的很想出去散散心。哎呀！這真是一大誘惑啊！

「易小姐，我真的很想去，可是……我不會打球耶！我如果跟你們去比賽的話，一定會讓你們輸得很慘很慘！」我說。

易小姐聽完之後哈哈大笑的說：「你不會打球啊！正好，因為我也不會打，我看我們到時候只要跟在這些高手的後面，他們打他們的，我們打我們的！」

聽了這樣的鼓勵，「好啊！那我就恭敬不如從命囉！」我與高采烈的附和著。

一個月之後，這場高爾夫旅行如期展開。

果然，來自各地的政商界名人個個都是高爾夫的高手，和我這個門外漢兵戎相見，簡直就是強烈的對比。

他們打的球，飛得一個比一個遠，我打的球不是穩如泰山地待在原地不動，就是往我意料之外的方向飛去，整個比賽的過程中，只見我一會兒東、一會兒西跑來跑去，撿球撿得不亦樂乎，別人很認真地在打高爾夫，而我也很認真地在跑「田徑比賽」。

三天比賽結束，我的分數早在意料之中，是最後一名，但我一點也不難過，因為我本來就不會打，來參加比賽只是提供一個散心的機會，我想就這一點，這趟球賽絕對值得。

比賽結束之後，又是一些慶祝活動。福建省當地的一些地方首長也都出席參加，整個活動在大會的招待和安排之下，進行得非常順利。對於易小姐的工作能力和態度，我給予百分之一千的肯定，她將每一個人都照顧得無微不至，但這位善於照顧別人的小姐，似乎有什麼樣的事情壓得她喘不過氣來，別人也許沒發覺，但我卻隱隱約約地注意到了。

這次行程的最後一天，我們在旅館用完午餐之後，便搭上遊覽車準備前往機場搭機返國，易小姐還是一樣細心地將每個人安頓好，行李和球具也都放置妥當，當一切都就緒之後，易小姐才上車，整個人像洩了氣的皮球一樣癱坐在我旁邊。

我本來心情十分平靜，也沒有太大的雀躍和興奮，只想安靜地看著窗外的一景一幕，但當我轉過頭來看到我身邊的易小姐既疲倦又憂鬱的樣子，讓我忍不住想要去探探這個善於照顧別人的人，這幾天究竟是什麼事讓她如此沮喪。

「易小姐，是不是有心事啊？」我好奇地問著。

也許是不知道怎麼說，易小姐看了我一眼並沒有回答。

「沒關係，你如果想找個人說說話的話，我非常樂意傾聽。」

「是一個男孩子。」易小姐低著頭沉默了一會兒，才又抬起頭來，用她那雙憂鬱的眼睛看著我說。「他是荷蘭人，我們在一起已經兩年多了，我知道我只是他交往對象中的一個罷了，但我仍然投注全部的心力去愛他，雖然我知道這樣子下去也有可能像往常一樣得不到他的承諾，但我就是無法停止付出我對他的愛。」

「兩年前，他人還在台灣，我還可以常常見到他，但現在他回國了，我們之間只能靠電話聯絡，他還在身邊時，我就已經快要沒有安全感了，現在相隔這麼遠，連這最後一點安全感都被剝奪了，我也想要抽身，但我就是做不到！」

易小姐說到這裡已經有一點哽咽了，於是我輕輕拍一拍她的肩膀，對於這位美麗大方的好友，竟也愁容滿面，我想任誰看了都會覺得心疼的。於是我開始告訴她一個故事，希望能幫得上一點忙。

「易小姐，愛情的苦我想很多人都嘗過，但很多人也都像你現在一樣不知道該怎麼辦，我想你先不要難過，給我二十分鐘，我跟你說個故事。」

「嗯！」易小姐點點頭。

於是我開始了。

「易小姐，你應該還記得從小在課本上或學校的課程中，我們已經知道宇宙中有許多不同的能源，而科學家利用許多不同方法測試出這些能源的特性，寫出方程式，有了這些方程式之後，我們便知道如何有效的掌控這些能源並加以應用。」易小姐點點頭，我知道她聽得懂。

「舉例來說，我們知道水從高處沖下來的時候，會產生很大的動能，於是我們利用這個能量來發電，接著，聰明的人類更發現了火力發電和核能發電，而核子能的運用則更為廣泛，例如核子彈……等等。」易小姐繼續點頭。

「過去三、四十年來，人類一直致力於核能和原子能的發展，但還有一種更龐大的能源，連美國太空總署裡邊頂尖的科學家直到目前仍無法完全掌控。」我接著說。

「是什麼啊？」易小姐好奇地問。

「磁場。」我回答。

易小姐抬頭看著我，她的眼神充滿懷疑，彷佛在問我，磁場怎麼會有這麼大的能源，實在感覺不出來。

不等易小姐發問，我接著解釋。

「宇宙萬物中幾乎每一件事物都靠著磁場的力量固定在一個地方運轉。你看看各個星球之間也都靠這個龐大磁場的力量，將彼此鎖得緊緊的。更奧妙的是，巧妙使用磁場的力量，不但不會把一個星球鎖死固定，反而在適度的配合下，星球間還可以不停地運轉。

「其實，我們所謂的『飛碟』（UFO），根據目前的猜測，也是利用了這種能源，快速進退自如，既看不到煙，也看不到霧，這一切一切都是運用磁場正負相吸、正正相斥的原理。很可惜的是，人類還沒有辦法找出更多有關磁場的定律，寫出它的方程式而加以利用。所以，這個能源我們人類仍努力地在開發研究中。」

易小姐似乎有一點懂了，我接著說：「但是有一個能源比磁場還要來得大，它是宇宙中最龐大的能源，你知道那是什麼嗎？」

她好奇地看著我。

「是**F-A-I-T-H信心**。」我說。

「怎麼會是**信心**呢？**信心**怎麼會是能源？與能源有何關係？」易小姐一頭霧水。

我開始解釋：「**信心**是宇宙中最龐大的能源。因為它是創造宇宙萬物的能源，憑著這個力量，才創造出磁場、核子能、太陽能、所有的能源，還有宇宙萬物的一切。

「可是就像磁場一樣，人類還沒有辦法百分之百的將這個方程式全部、完整地寫出來，所以我們還是常常無法掌控**信心**全部的力量。易小姐，給我十分鐘，讓我跟你解釋四個最重要的方程式，或許針對你目前面臨的問題與困難，可以給你一些提示。

「第一個方程式：Faith is the evidence of things not seen by sensors. 意思就是說，『信心就是在你五官感覺不到，但是你已經知道的事實……』用方程式的等號寫出，或許你就更加容易明白了。

信心的定義：信心＝五官感覺不到，但卻已經知道的事實。

「請看《聖經》裡，〈創世記〉第一章第一節：『起初　神創造天地，地是空虛混沌，淵面黑暗，　神說：要有光，就有了光，　神說：要有空氣，就造出空氣……』

「請再注意一點，造物者在創造宇宙萬物時，在起初什麼都看不到的時候，就對著一片空白的地方說，讓這裡有山，這裡就有山；讓這裡有水，這裡就有水。

「再舉個例子，當貝多芬在寫曠世巨作《第五號交響曲》的時候，在他還沒有親眼看到、也還沒有聽到交響樂團在彈奏這些『音符』的時候，他僅依靠一種力量一步一步把曲子譜出來。

「這個創造『音樂』、創造『宇宙』的力量是什麼？

「我不知道還有什麼更好的專有名詞？

「我稱這個『力量』、『能源』、『現象』叫『信心』。

「就像『地心引力』一樣。一個大家都知道也天天看到的現象，但牛頓給它取了一個專有名詞叫『地心引力』，然後抓住它其中永遠不變的特性，寫出一套方程式叫『微積分』，然後現在我們可以完全掌握這地心引力的現象，進而無止境地運用在各種層面。

「建築師蓋房子不是也一樣？

「在他還沒有看到整個大樓前，他先憑著他的信心，一步步先從藍圖著手，然後一磚一瓦依著藍圖把大樓蓋起來。

「攻讀醫學院的學生，他們在還沒有拿到『醫生執照』之前，就一步步的修課。這就是因為他已經知道未來的事實，所以憑著這個力量，一步步往前走。

「這個能源就是『信心力量』的定義。

「好了，現在你瞭解了『信心』的定義，我要開始把剛剛的數學等號反過來，告訴你下一個方程式。

「第二個方程式：**If seen by sensors, then, there will be no faith. 一旦被五官看到，信心的能源就無法釋放出來。**」我用一個數學等號方程式寫出：**五官一旦察覺到≠信心**。

「所以，你把等號反過來後，你會很容易發現……任何事一旦被你的五官察覺到之後，信心的力量就永遠無法釋放出來。這樣你可以瞭解嗎？

「所以，易小姐，假使你要使這個信心的能源完完全全地釋放出來，你必須要在你的五官尚未察覺之前就知道事實，否則此能源永遠無法釋放出來。」

我輕輕地說：「易小姐，你不用告訴我答案。但是你心裡是不是已經有一個『**已經知道的事實**』呢？如果還沒有的話，我要你開始想一想！

「第三個方程式：**Faith is present tense, not future tense. 信心是現在式，不是未來式。**」

易小姐望著我，懷著好奇心，於是我微笑著繼續解釋。

「我曾經在一個醫院中，看到一些罹患絕症的病人，他們的身邊有一些親人在為他們禱告。他們禱告：『神啊，請祢拯救我的親人，神啊，請祢醫治我們！』每當我聽到這樣的禱告時，我會覺得很難過，因為這樣的禱告是完全沒有任何力量的。」

易小姐不解地問：「但他們很虔誠地禱告祈求啊！」

「易小姐，注意這第三個方程式。」我說。

「信心是現在式，不是未來式。如果要讓這個能源的力量釋放出來，正確的禱告應該是：『神啊！我知道祢現在已經在醫治我們了，只是我知道時間還沒有到，所以我要感謝祢，主！』唯有在這樣的情況下，宇宙間最龐大的能源與力量……才開始釋放出來。」易小姐點點頭。我知道她聽懂了。

「最後一個方程式：Ignore it...don't look at it.**忽視它……不要看它。**」

我說：「易小姐，你還記得以前有一部電影《法櫃奇兵》，劇中有一幕是地圖上指示男主角哈里遜福特依照這個方向一直走就可以找到寶藏，但當他走到路的底端時，卻發現這裡是個懸崖，前方也沒有路可以繼續往前走，而且他往懸崖底一看，裡邊全都是過去嘗試躍過懸崖摔死的骷髏屍體。

「眼看德軍火速地追殺過來，可是地圖上明明指示寶藏就在懸崖的對面，地圖也不可能出錯，就在別無選擇之下，主角哈里遜福特吸了一口氣，兩眼直視前方，開始勇敢地往前穩穩踏出去。

「此時，懸崖上面出現了一道彩虹橋，而他就安安穩穩的走在懸崖上空，一步一步橫跨了這個斷崖山谷。這雖然是好萊塢電影裡的情節，但我卻要告訴你，這裡面充滿了玄機與真理。

「我再告訴你一個故事，〈約翰福音〉第十四章第二十四節記載得很清楚，一個月黑風高的晚上，耶穌站在大浪的海上對彼得說：『彼得，從海上走過來！』彼得不解，便問耶穌說：『要我從海上直接走過來嗎？』耶穌點點頭說：『對！』

「彼得掙扎了一陣子，嘗試著往海上跨出去，果然，彼得安然無事，並沒有沉入海裡；可是當彼得就快走到耶穌跟前時，他往下看了一眼，結果他就往海裡沉下去了。

「就在此時，耶穌一手抓住彼得，把彼得拉到船上。請注意，當耶穌將彼得拉起來之後，耶穌不但沒有安慰他，反而還兇兇地罵了他一頓，耶穌說：『你這個沒有信心的小人！』

「這裡有一個非常重要的道理，我必須點出來。

「彼得往下看，不但沒有得到耶穌的同情，反而是斥罵。

「易小姐，當我們身上有病痛時，我並不是要你像個傻子一樣假裝，去否認那個疼痛。而是要告訴你，千萬不要去**看**那個**痛**。

「因為，一旦你去看了，你就會被它影響，你就會被它拖下去，然後，那個信心的能源也就完全無法釋放出來。在我們每個人的生活中，我相信我們都曾面臨過誘惑、束縛、詛咒、傷痛、算命八卦或綑綁。但是，易小姐，只要記住，絕對不要去看它，只要你不去看它、忽視它，那些東西就完全無法影響或控制到你。」

我們的巴士繼續行走在顛簸的路上，易小姐和我都沉默了一會兒。

「易小姐，你對你所提的這位先生有什麼樣的期待？」我開口問道。

「我希望能成為他的妻子，一輩子和他生活在一起。」易小姐說。

「易小姐，你回去之後想想，慢慢開始用剛剛這四個方程式與他交往看看。

「現在你知道了，他已經是你未來的先生，而現在圍繞在他身邊的女孩子，你連**看**都不要看她們，信心的力量自然會釋放出來。」

一年半以後，我偶然接到易小姐的一通電話，她說：「李先生，下個月我要和他結婚了，不知道能不能請你來，在我們的婚禮中為我們彈鋼琴？」

其實，這四個方程式就是一個宇宙中的定律，是永遠不會改變的。

現在你知道了，好好地去運用它吧！把那個能源在你的生命中完全地釋放出來。

註：《貓》劇最後因各方因素，很遺憾於一九九六年十月正式宣布取消在台演出。

一個得到上帝賜福的秘密

一九九九年九月一個秋高氣爽的下午，我和我的朋友麥克走在洛杉磯聖塔摩尼卡（Santa Monica）海邊的街道上。

這裡是個很大的旅遊觀光景點，周邊則是一個很大的購物區，街道的兩邊有許多露天咖啡座，街道的中間則有很多街頭藝人在表演。我和麥克兩個人手上拿著熱咖啡，在氣候涼爽的聖塔摩尼卡街道上走著，真是一大享受。

在美國，這些街頭藝人是很常見的，有一人獨行俠式的自彈自唱、兩人組或全家動員的都有。路人停駐在他們面前觀賞表演，表演結束時，觀眾們則隨自己的心意丟幾個錢，放在這些藝人前面的帽子裡。

當然，聖塔摩尼卡這種人潮聚集的地方，自然也少不了這些街頭藝人。由於洛杉磯聚集了世界各地的精英，所以自然而然連這裡的街頭藝人個個都來頭不小，演出精湛！

正當我和麥克邊走邊聊，在享受這秋天的清爽時，遠處卻傳來了一個「老年人」的歌聲。

這個老人的歌聲不像其他藝人如此的有職業水準，相反的，還唱得五音不全，歌聲中經常還夾雜著咳嗽聲；這倒吸引住我們兩個人，於是我們驅步向前，看看到底是誰這麼有「勇氣」或「不要臉」。

近看這位老先生應該也有七十多歲了吧。背上背了一個破舊不堪馬戲團裡猴子玩耍用的鼓，手上拿著一把似乎是從垃圾桶撿到的破吉他，其他什麼都沒有。他獨自一個人在唱，連一個觀眾也沒有。蓬頭垢面的樣子，應該是很多天沒有洗澡了，我們站在他面前的時候，他正在唱一首老歌〈My Way〉，可能也深刻地描述著他那坎坷的人生路程。

我們站在一邊，遠遠看了幾秒鐘，發現他還唱得真爛。

我和麥克對看了一下，實在也看不下去，搖搖頭，無趣地就走開了。

走不超過二十步，我與麥克互看一眼，話也沒說，點了點頭，似乎是有千萬分的默契，轉身就向那老人走去，把身上僅剩的零錢全部掏出，一鼓氣全都放在他的帽子裡，然後逐步地離開。

當我們離開後，我們同時莫名其妙地彼此相問：「嘿！你剛剛為什麼要把錢給他，而不給其他那幾個表演得更好的藝人？」

我與麥克同一剎那間突然感到茅塞頓開。

因為此時此刻，兩人似乎同時領悟到上帝施捨與賜福的基本原理。

巧合的是，就在五分鐘前，我們兩個人正為了公司未來的方向在傷腦筋，還在談論上帝為什麼會賜福給某些人，而不賜福給另外一些人。到底如何才能得到更多上帝的賜福？

我們兩個人不約而同地對彼此說：「我把錢給他，是因為他很謙卑地在表演，把他所有的全部獻上。」

「嘿！上帝不也是這樣子嗎？……」

此時，在我們兩個心中湧出一股溫暖的笑容，這不就是我們這幾天祈禱了很久，一直不知道未來的路該如何走，才能真的蒙得祂的恩賜。

雖然我們兩個人都是電腦科技界出身，我們都深知自己的努力才是一切成功的最佳保障。

但我們也很清楚，如果能在所有的努力之中，有祂在旁邊重重的賜福，生命、生活不是都會更好嗎？

而我們也不希望做任何決定是牴觸到祂恩賜的法則。

正當我們徘徊在如何突破公司現狀，且為這些事情已經猶豫很長一段時間的此時，這個啓示……感謝上帝，「來得正是時候」。

當上帝賜福給我們的時候，並不是因為我們多努力或是有多少才華，也不是因為我們的美貌，更不是因為我們有多好的修行。

乃是因為我們在祂面前有一顆「謙卑」的心。

然後，你做什麼都不重要，祂都會賜福給你。

我……此時等待已久的答案，已深深地刻在心底。

做生意的，要對你的朋友「謙卑」。做官的要對你的長官、同事、屬下「謙卑」。

在人的面前、在神的面前「謙卑」，你的福氣就自然會降臨到你身上。

這不是我李恕權說的；對基督徒而言，這是上帝的戒命，對非基督徒而言，這是一個大自然不變的定律……

無論做什麼都不重要，只要你的心是「謙卑」的，祂的恩賜永遠會不斷地降臨在你的身上。

你不感謝不喜歡，我就要把它送給別人囉！

「你要隨時充滿感謝的心」。

這種話聽太多了，對嗎？

今天要告訴你的，不是因為這是一個好習慣，如果我能説得更直，這根本是為了你自己的「利益」。

為了自己的「利益」？

Yes，你自己的利益。

黛安娜王妃年僅三十六歲，一夜間，在巴黎的一場車禍中離世，千萬人為她悼念流淚。但我倒是覺得上帝沒讓她更早點走，才真的奇怪。

「李恕權，人家死了你不難過，反而奇怪人家沒有早點走，為什麼？」

請先不要批評我心狠毒辣，因為唯有這樣舉例，你才容易瞭解其中的真理。

黛安娜她又有名又有利，外在的美貌不說，家庭成長過程與環境絕對不差。一般人夢寐以求的，她全部都有。如果我是她，我想我會不斷地感謝上帝。

但是，我們天天聽到的與見到的，都是她想「自殺」，一下埋怨「媒體這個追她、那個追她」……哀喲喂喔，真的好可憐！

如果，你站在上帝的立場想想，祂會說：「黛安娜，我賜給了你一切，你卻天天埋怨這個、埋怨那個；既然你不喜歡，那麼我就乾脆收回來，把這些福分轉給其他的人，讓其他的人去享有。」

記住，黛安娜有絕對的能力，拒絕或斷絕媒體的採訪、曝光、追逐。她更有充分的權力可以停止安排一連串的記者招待會。英國其他的王妃也沒有天天曝光，人家不也活得好好的？日本王妃不是也沒有問題嗎？

在這裡千萬不要誤以為我們是在諷刺。我也同樣會懷念一位美麗迷人與充滿愛心的王妃。但千萬不要忘記，這是以「人」的角度在看事情。

其實黛安娜這整件事，是多麼的逼真寫實。

這裡的結論很簡單。

為了你自己的「利益」；如果你還不知道開始感謝你現在所擁有的一切，你最好開始「小心」。因為，這些福氣隨時隨地都可能會從你身邊給拿走。

你問：「李恕權，但是我現在事業一塌糊塗，破產、家變、身染重病，你要我如何感謝上帝？」

「如何感謝？」

你現在就走到窗口，兩手敞開，對著窗外說：「我相信……我相信……我相信……我相信……」越說越大聲，直到你的聲音完全嘶啞。最後說：「上帝，我要感謝祢」。

就這麼簡單，Do it...Trust Me相信我，不要再固執了，就照著去做。

記住，無論在任何情況、任何逆境之中，永遠帶著「感謝的心」，上帝會加倍地祝福你。我不是在這裡與你天方夜譚，而是因為我親身走過，我知道。

在這裡，我也要提醒你，你也大可不用寄望剎那間什麼奇蹟會出現，然後你全部的問題就像好萊塢電影裡的情節般一下子全部改變消失掉。

奇蹟會不會立刻出現，我無權為祂做任何承諾。我也知道，祂的「奇蹟」不是用來做秀的。

但我的確百分之百地知道，當你這樣做的時候，祂會帶領你的。因為在過去，祂從來沒有一次讓我失望過，反而我越相信祂，越完全交付予祂，祂也越加倍再加倍地賜福給我。

敞開你的雙手，感謝祂。

「無論在多麼險惡的環境下，我可以張開眼睛看到祢所創造的花、祢的樹、祢的草、祢的星星、祢的太陽，我來到這世界上本來就是空手而來，現在連身上的衣服都是祢所賜的。」

笑一下吧！

你的微笑與你心中的感謝，就是走出傷痛的第一步。

「微笑」與「感謝」這兩件都是你可以自己做選擇的。

先做吧！縱然可能是錯的

以前因工作的關係認識了一位令我印象非常深刻的業務員。他個子不大，但數年前他離開了他的本行，開始從事傳銷。目前在美國如新（New Skin）公司服務，而且據說年收入已超過百萬美金。

數年前，他們公司聘請我到香港為他們的產品代言，也剛好是由他負責接待我，對於他這些年來的轉變，從當初的一個業務員，到現在年薪數百萬的主管，才不過幾年的時間，他可以如此成功地拓展他的事業，使我不禁想要請教他，是不是有什麼法寶呢？

他笑笑說：「說真的，我並沒有什麼法寶，我跟很多年輕人一樣，都是白手起家，而且跟很多人一樣，也很努力，每天我都要吸收不同的新知識，觀看一些教學激勵錄影帶等等，來鼓舞激發自己。倒是可能在過去一直持著一個較特別的想法，或許也是我提前成功最大的原因之一吧！我的觀念就是Let's do it! Even if it's wrong.意思就是：**先做吧！縱然可能是錯的。**」

他接著說：「很多人都害怕嘗試，怕出錯誤。但我自己卻常常依賴這些錯誤的經驗，來找出正確的方法。因為這都是自己的親身經驗，所以一旦找到竅門之後，我就抓緊方向，直抵成功的目標。」

他繼續接著說：「還記得那句老話嗎？Nothing Will happen without movement.**沒有行動就不會沒有結果。**」

我一直相信，讀書的確還是成長學習的最佳方法。因為你可以在幾秒中內，學習到別人用幾年幾輩子所累積出來的經驗。有了這些智慧，你就不需要再浪費時間，重新尋找答案與應變之道。

因為每一件事情，在不同的環境、背景與對象下，都會有不同的結果。所以解決的辦法真的只有做了後才知道。

這些觀念讓我聯想到以前的一位同事，他目前在一家美國上市的電腦公司任職副總裁。他曾經留給我一個很重要的啓示。

每次當公司所有人都七嘴八舌在討論公司的行銷策略或廣告設計應該如何執行時，每個人都會有自己的一點意見，所以要凝聚各部門的力量與心，往往是很困難的一件事。

但是我經常發現，他常講的一句話就是：「The only way to find out is to try.唯一能找出答案的，就是先試試看才知道。」

記得在我還在大學主修電腦的時候，曾與一位美國太空總署的電腦專家，聊到什麼是電腦裡常提到的「人工智慧」（Artificial Intelligent）。

他說「人工智慧」的原理其實真的很簡單。

電腦一般都是我們輸入一個指令，它就做一個動作，電腦本身沒有自己判斷的能力。而「人工智慧」只是利用電腦，針對一個問題以高速度的方式，發出千萬個可能的答案。

如果沒有擊中答案，它就不再重複。然後逐步刪略，一直等到電腦自己慢慢找出一個正確的答案。

一旦找出答案之後，下次它就先用同樣的答案來應答下一個類似的問題。因此，電腦也逐漸會越來越快地找出答案，也就越來越「聰明」。

從此，電腦就慢慢地開始累積自己的「智慧」，成為一個會自行判斷的電腦。這就是「人工智慧」的基本原理。

其實，我們的成長過程不也是如此嗎？

以前的人碰了火，發現它不可以直接觸摸，否則就會燒傷。慢慢地由前人累積的經驗，我們得知火是不可以隨便觸碰的。

在我們日常生活中，往往沒有一個選擇可以保證如何做才是對、才是錯。其實，唯一的辦法就是先踏出去嘗試看看。

所以，不要怕，「先做吧！縱然它可能是錯的。Let's do it! Even if it's wrong.」

祂如果不被釘在十字架上，你可能就永遠不知道答案

「祂如果不被釘在十字架上，你可能就永遠不知道答案。」你會問這是什麼意思？

讓我來跟你說個小故事，你就明白了。

前陣子在電視上看到一則報導，就在一百年前，全世界流行著一種傳染病，叫做霍亂（由於電視剛打開，實際的病名我不很確定）。這種傳染病非常可怕，當時的醫生和科學家幾乎盡了一切力量，都找不到任何藥方可以醫治這種傳染病。

眼看著每天以成千上萬的人死在這種疾病之下，醫學界卻束手無策。

此時，有一位金恩博士，他有一天發現只要將少量的病毒注射到動物的體內，這動物就會產生一種抗體。於是他就試著把輕微的霍亂病毒注射到一隻白老鼠的體內，結果發現白老鼠的身體開始產生了疫苗抗體，並且安然無事。

金恩博士的成功振奮了當時整個醫學界。

但是這種疫苗能用在人的身體上嗎？

於是他必須尋找一些健康、而且願意接種這種疫苗的人。可是，每個人都非常懼怕，不敢接受這麼殘酷的考驗，因為一旦不成功就只有死路一條。但是，不試驗又怎麼知道這疫苗能不能真的抵制霍亂呢？

於是，金恩博士在遍尋不著自願者的失望情況下，最後決定自己親身上陣，將疫苗注射在他自己的體內。

電視上播放著那張舊黃的照片，金恩博士癱在自己實驗室裡的椅子上，捲起他的袖子，他單獨一個人在空盪的實驗室裡，將裝滿霍亂病毒的粗粗針筒插入自己的手臂上。

我似乎可以感覺得到金恩博士此時的恐懼。他完全不知道幾分鐘後的結果是什麼？

成功還是失敗？

一旦他死了，又有誰能將他的研究繼續接棒下去？

但是，在沒有一個健康的人願意拿出自己生命做實驗的情況下，他只有捲起了自己的衣袖，將針筒插入自己的血管裡。

我看到這裡的時候，我的眼淚流了出來，我心想：「這不就是我們的耶穌基督嗎？」

耶穌基督知道，沒有任何一種「藥物」、「修行」、「儀式」可以徹底地擺脫我們人類身上所有的痛苦、綑綁、詛咒。這個解藥不是來自於外在，而是來自我們的內在、我們的心。

為了打破這一切的綑綁，讓我們能完全地釋放，他沒有其他的選擇，只有以他自己的生命，走過一次死亡，親自證明，那所有的力量只有來自一個地方——你的心。

只要我們願意接受那愛我們在天上的父神，那突破一切、最龐大的信心力量就會降臨到我們的身上。

很多宗教提倡修身養性，你必須先修行自我，才能逐步達到佛的境界。

但，耶穌卻獻出祂自己的生命，自己親身走過一次，然後來告訴我們，那所有的力量都是來自於內在，不是外在。

只要你的心相信祂「了」（特別註明這裡是個過去式），力量就會開始出現。

這力量將為你解脫所有的綑綁、所有的傷痛、所有的詛咒，而這個力量只有來自一個地方——你的心，不是靠修行，也不是靠苦練。

耶穌是如何「復活」了？

四月終於來臨了。

國內外的媒體與新聞、教會裡的宣傳，處處可見到與復活節相關的活動與報導。

對這樣一個節慶，世人各有不同的看法與反應。

有些人認為「復活節」是他們全部信仰的中心基礎，所以全力籌備各種慶祝活動，並藉此機會傳揚「基督」的福音。

又有一些人則感覺跟他們毫無關係；這不過又是一個「宗教」的節慶。

另外也有一些人深覺反感，處處是一些瘋瘋顛顛的宗教狂又開始遊行傳教了，造成交通堵塞。

每當我見到「耶穌復活」的旗幟或海報……心中會不由得升起一股愧疚感。

因為這句話充滿了語病，在今天二十世紀資訊發達的世代裡，根本不能成立。

在短短一百年前沒有電視、沒有媒體的時代裡，你跟別人說「基督復活了」，因為無法求證，或許還可以騙騙人。

在今天，一通電話通全世界，若你跟我說「耶穌復活了」，我會說：「請問祂電話號碼幾號？」

然後，一些人就會開始用不同的方法解說起來：「啊！耶穌祂是活在我們的心裡……」

謝謝你。

如果如此，請你說清楚講明白，「祂復活在你、我的心裡」……這個我可以接受。

但隨便用「耶穌復活了」，在今天的社會裡這是極大的誤導。如果在商業界遇到這種事，這是要被取締或告到消費者保護基金會的所謂「廣告不實」。

我深深知道，如果你今天正在讀這本書，而對那創造宇宙萬物的上帝仍然模糊不清，也還沒有打開你的心接受耶穌基督為你生命中的主，我其實一點都不怪你。

那不是你的錯，而是我們的錯，沒有把正確的訊息告訴你，一直讓你處於混淆不清的狀態下。

就像貝多芬寫了偉大的《第五號交響曲》，但當我家小妹在鋼琴上彈給你聽，然後告訴你這就是《第五號交響曲》，你當然會對貝多芬不屑，甚至產生反感。

有時候就像我們寫歌，自認寫得不錯，卻只見旁人聽了個個搖頭。

周圍的朋友只會客氣地說，「喔！你寫得真好真好」，因為這些人根本不關心，也不在乎，所以沒必要來揭穿。

但唯有我的母親會告訴我，只要有人搖頭，其中都是有道理的。他們聽不懂你的作品，你就有責任開始反省：反省如何把你的音樂做得更容易與別人溝通，讓他們可以聽得懂。

上週在教會裡，聽到牧師又講到「耶穌復活」。

我在旁邊的椅子上找了一支筆、一張紙，我將紙摺成四段，在第一摺上開始寫：

問一：從得救至今，你有沒有百分之百、明確直接地被上帝告知或啓示耶穌死後已復活？

答：Yes或No。

在第二摺上，我寫：

如果是NO，那麼我們所說的福音與迷信有何不同？

在第三摺上，我寫：

問二：耶穌「復活」的定義是？

1.死後三天「靈性」的顯現？

2.「肉體」的顯現？

在第四摺上，我則寫著：

如果是「肉體的復活」，那我們爲何找不到耶穌基督三十四、三十五、三十六、四十歲以後的生平記錄？

如果答案是「靈性的復活」，那麼與我父、母親或一般人死後七日靈性的顯現有何不同？

我拿著這張紙，問了教會裡近十個信主多年的朋友，他們對第一題的答案全部一樣。都是NO，沒有被直接告知或啓示。

而第二題大部分的答案是：「靈性」的復活；因為如果有肉體的復活，為何再也沒有耶穌基督三十四、三十五、三十六、四十歲以後的生平記錄？

教會裡幾千年來，一直用這一套台詞來教導世人；不錯，在過去用「復活」兩個字，既簡單又得體，是一個很好的教導與溝通的表述。

在今天這電視、電話的時代裡，這些「台詞」已經與「現實科學」既衝突又離譜。

結果是什麼？

越來越多的人認為這與「迷信」無差，導致越來越多的人悖離上帝，與上帝越來越疏遠。

讓我們一同打開《聖經》，看〈約翰福音〉第二十章第二十五節（簡譯）：

耶穌死後七日，門徒聚在屋裡，多馬也和他們同在，門都關了。耶穌站在他們當中說：「願你們平安。」然後就對多馬說：「伸過你的指頭來，看我的手；伸出你的手來，摸我的肋旁。不要疑惑，相信。」

多馬說：「我的主，我的神啊！」

耶穌對他說：「因爲你看見了，你才信；賜福了那些沒有看見而相信的人。」

「賜福」（Blessed）在原文裡明確地用過去式，雖然在我們中文裡經常過去式與現在式不分，而這卻是一個最大的重點。

這裡耶穌實際是說：「祂已經賜福給了那些不見卻相信的人。」到底是那些人沒有看到「耶穌的復活」？

其實就是指著「你」與「我」，因為我們都沒看到祂的復活。

也就是因為沒有看到祂的復活，我們卻相信祂，因此我們更加得到賜福。

用一個今天的比喻：當陳水扁先生人氣指數最高時，你投他一票，這一票一點也不稀罕。而那些當陳水扁先生最不看好的時候，仍然相信他的人、在雪中憑恃著信心全力走到底的人，今天你親眼看到他們的信心因而得福。

得福與不得福，就在這一線之差。

如果今天你要的是那生命中不斷的蒙恩與賜福，你有絕對的選擇權利。

就是因為沒有見到祂的復活，卻相信，感謝主；我做了這樣的選擇，祂也依照祂的承諾，在我的生命中賜予了我無數的恩典。

我大膽地問你，你願意嗎？你願意大膽地接受賜福嗎？

如果你願意，你就大膽地告訴祂，我相信祢。

撒旦！對不起，跟你沒什麼好客氣的

這幾個月來，為了唱片的製作，錄音室裡安裝了一些最新的電腦，由於各種新軟體與硬體的結合，機器不斷地出現當機狀況，我不斷抓頭，頭髮似乎已經全都快被我拔光了。

熬了四個月後，終於在上星期，這些機器開始運作正常了。

星期三，突然間我們的主要電腦又出狀況了。軟體設計公司將責任推卸給硬體製造公司，而硬體公司又說問題出在軟體上。

盡了一切努力，似乎幾近絕望了。我們只好日夜上網向全世界各地的用戶求救，試圖看看別人是否也遭遇到類似的困難，可以協助我們找出一些答案。

我雖然可算是一個電腦工程的老手，但面對這一切全新的困境，我真的可說身心俱疲。

助理小傑坐在我的身邊，似乎也可以感受到無限的沮喪，因為眼看快完工的東西，現在全都被卡住了，而且已經整整過了四五天了，一點進展都沒有，國內國外的網路上，台灣的工程群，似乎全世界沒有人能幫我們解決這些問題。

我冷靜地坐下來，一邊在嘗試地修改電腦裡的程式，然後就在旁人的面前，我開始說：「操你媽個B，幹你娘！撒旦！跟你沒什麼好客氣的，我操你媽個B，給我滾出去，這裡一點都不歡迎你！」

在旁的小傑，眼看從一個平常文質彬彬的人口中聽到這些話，一時不知有何想法。

我站起來後，只講了一句話：「對你的敵人，大可不必要客氣。」

此時，我也不期望有什麼偉大的奇蹟會出現，或是剎那間全部的問題會突然消失。

到了下午五點，快下班時刻，小傑提出要不要更改電腦裡的Buffer Size（緩衝區指數）為四〇九六？

我說我昨天已經改過了，但沒有效，因為目前這種「突發性雜訊」的徵兆應該出自於不穩的Master Synchronization Clock（主機同步水晶鐘擺）。

我說：「好吧！我們再做一次。」

三十分鐘後，全部測試完畢，居然雜訊的問題全都消失了。

我們在工作室揮舞跳躍，狂歡喜悅萬分。我感慨地說：「假如沒有前面的灰心與失敗，又怎麼會有現在的快樂呢？」

我很少用髒話，但對撒旦，我沒有什麼好客氣的。

我還記得，在十五年前的一天，我的企宣經理在座車裡對我說了一句話，至今仍永遠刻在我的心中。

他說：「李先生，你對每一個人都很客氣友善，雖然這是很好，但卻讓我們這些站在你身邊為你拚命的人，都不知道我們與外面的人有何不同。」

十五年後的今天，我要清清楚楚的告訴你，耶穌是我的朋友，撒旦是我的敵人，非常清楚。

是我朋友的人請留下，是敵人的請你出去。而且我不怕用更髒的話，把你撒旦攆出去。

當你在十字路口的時候，怎麼走？阿甘

我常常聽到朋友說：「我已走到一個瓶頸了，下一步真的不知道該怎麼走？」

首先，我要告訴你，這是正常的。

請不要太難過，歡迎你加入我們「瓶頸俱樂部」的會員，因為我們每個人都一定會面臨同樣的困難。

九九年的四月，我啓程回美國一週處理一些事情。在那時刻，我必須對未來的方向做很多人生的抉擇。因為，在事業上我已完全處於一個瓶頸，公司雖然門是開著，但連續兩年多了，連聞都聞不到一點

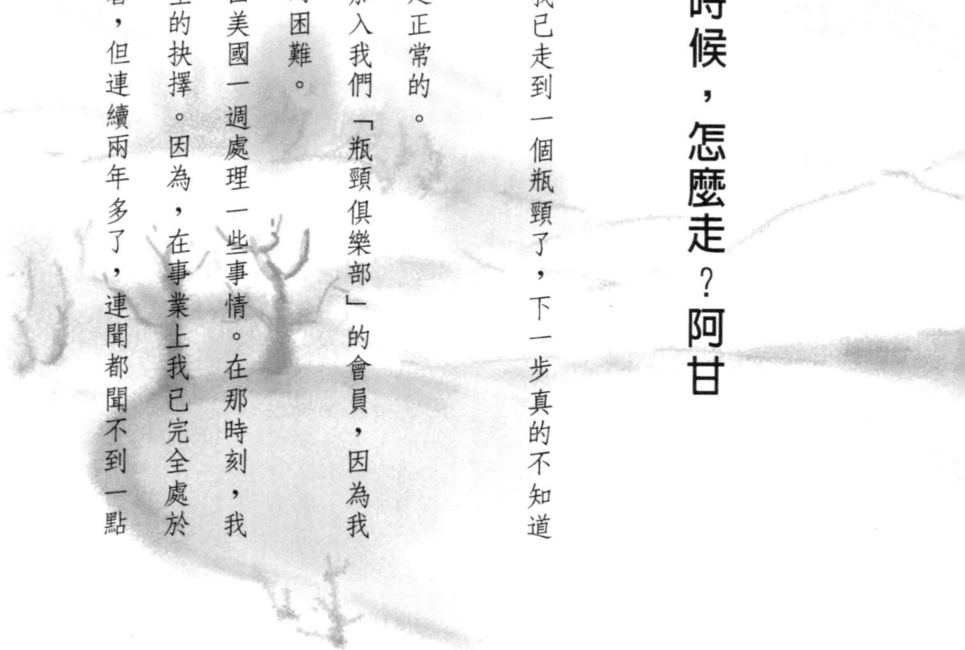

利潤，雖然股東們都很支持而且非常肯定我們大家的努力，但不斷在赤字下營運，讓我的兩條腿不由得發軟。

財務的危急、憂慮的心，在不知不覺中我開始發現，自己的背都挺不起來了，似乎已得了嚴重的憂鬱症。

雖然我知道我是個堅強的人，不怕吃苦，但眼前的現實，你要如何走出下一步？

心中的恐慌，面對孩子們天真的笑容，做父親的我，眼淚禁不住地流出來。

我要如何告訴孩子們，父親現在真的不知道該怎麼走了。

依照計畫，我憑著信心，回到了美國，試圖開始籌組一個新的專案。突然間的一通電話，原來廠商的約定，在一些突變下，臨時取消了全部的合作計畫。更諷刺的是，我現在手裡還正捧著這些沉重的機器往車上搬。這下好了，合作取消，現在唯一的希望也停了。

我一個人低下頭，灰心地坐在卡車的後面……我真的不知該如何做了。

憑信心做事，也栽了。不憑信心，憑現實、客觀分析去做事，也栽了。

此時，站在我身邊的老友麥克，眼見我的憔悴，也走過來陪著我坐在卡車的後面。他說：「你看過《阿甘正傳》那部電影嗎？」

「Yes！」我回答。「那又怎麼樣呢？」

麥克接著說：「其實《阿甘正傳》裡，充滿了《聖經》的訊息。」

「喔？」

「你還記得那兇霸的士官長大吼著阿甘，在乒乓球場上叫他拿著球，眼睛盯好那個小白球（英文：Watch it…），你還記得那一幕嗎？」

「Yes！」我回答。

「你還記得阿甘是怎麼做的嗎？」麥克問著。

阿甘他就真的傻乎乎地捧著球，動也不動，兩個大眼睛直直瞪著球，他真的是「眼睛不動地盯著球（watch it）」，他的球拍就死盯著那小白球。

結果？

阿甘成為全國乒乓球隊代表，一路比賽打到北京去了，也得到無數的獎章，更接受總統的榮譽頒勳。

麥克又接著說：「你還記得當人說：『阿甘，你去跑步』，你還記得嗎？」

「然後阿甘是怎麼做的？」麥克問著。

「阿甘他就不停地跑，一下連續跑了三年。」

「結果呢？」

「無數的人都開始圍著他跑，跟著他跑。」

「然後，你還記得當阿甘沒事的時候，他在做什麼？」

「我不記得了。」我回答。

「他什麼都沒做，他就靜靜地，兩隻手放在腿上，傻呆呆地坐著等。」

《聖經》上說：“Wait, and be still”，就是指：「等，而且是安穩**不能動地**等待」。

麥克最後接著說：「電影一開始在空中有很多飄泊的羽毛，最後有一支羽毛落在阿甘的腳前，你還記得那一幕嗎？」

「當然記得……那又如何呢？」

「其實，這裡告訴我們很重要、很重要的一件事，」麥克說。

「是什麼？」我好奇地問。

空中有很多很多漂亮的羽毛。這些羽毛其實就是代表人生中所面臨到的很多機會。但唯有一支羽毛，最後是降在阿甘的腳前，而阿甘只彎下腰，輕輕地將它撿起來。

生命也是如此。

到處都是機會，會從你的身旁經過，你絕對可以選擇跳起來去捕捉那些羽毛。

而阿甘的確一動不動地靜靜地等，一直等到那羽毛落在他的腳前，他只要輕輕地撿起來，拿著往前走就行了。

〈傳道書〉第九章第十一節，我依照英文原版《聖經》，用最簡單的方式翻譯，在這裡與大家分享：

所羅門王說著：在陽光所到之處，全世界我到處都看到……有能力的人不見得會成功；強壯的人不見得會打贏仗；聰明的人不見得就會有飯吃；精明的人不見得就會有錢；勤學的人不見得會受到賞賜，因爲每一個人的時辰與機運都不一樣。

第十二節：沒有人能知道什麼時候自己的時間會到。就如同魚兒不知道什麼時候會被網子抓到，或鳥兒不知道什麼時候會被網子捕到。而我們人也是一樣，禍患隨時都可能發生在我們身上。

聽完麥克的話，我想我已經知道答案了，也知道該怎麼做了，我們一齊禱告。我開始把機器放回箱子，封起來。靜心等待那個「羽毛」完全停落在我腳前後時，我才撿起來再動身。

「阿甘，你懂了嗎？」麥克開著玩笑這樣稱呼著我。

「嘿！從今天起我要開始稱呼你『阿甘』，這樣好隨時提醒你。」

笑著笑著，我們開始一齊把東西裝回箱子裡。

記住，當你不知道該怎麼走的時候……

答案：你就靜下來等！關鍵是**靜靜不動地**等，千萬不要四處張望，也不要跳起來去追那一支羽毛喔！

等到羽毛落到你腳前的時候，你只要把它撿起來，然後帶著它往前走，就行了。

註：中文《聖經》目前一般多採用和合版。其版本係近八十年前於一九一九年發行，而實際翻譯籌備工作啓始於近一百年前。因限於當時資訊不便，又無電腦排版，校正作業更是困難，再回顧一百年前翻譯者的雙語能力，導致其版本中大部分經文與我們現今一般習慣用的白話文有很大的差距。在此特予推薦《聖經》「新譯版」，敬請讀者參考使用。

別叫我老師

下午三點，跟朋友約在忠孝東路的咖啡廳喝咖啡，聊聊最近的狀況，順便享受一下沒有壓力的午後愜意生活。

突然間，手機響了，但是是一個陌生的號碼，我不知道是誰。

「喂，你好！」

「你好，請問是李先生嗎？我這裡是美夢成真公司……」一個甜美的聲音。

「是我一位朋友張先生介紹的，我們有一些事情想要跟你合作……是否我們能找個時間來拜訪您？」

「哦，……因為我現在剛好就在你們公司隔壁，所以如果要約時間見面，不知道你們待會有沒有時間，如果大家方便，不如我們今天就先碰個面吧！」我說。

「好啊！」

於是我們約好一個鐘頭後，就在他們的辦公室見面。

喝完咖啡依約前往，才剛出電梯門口，就有一位身材高䠷的小姐對著我大喊：

「李老師，你好！」

我當時真的想找個洞鑽進去，我什麼時候變成老師了，這兩個字怎麼會用在我身上呢？

拜託，千萬不要叫我老師！

「不要叫我老師，叫我David就好了，真的！」

經過一番簡短的介紹，我才知道，地方是來對了，但是人跟事好像都搭不起來，我說的張先生和他們所說的張先生竟是兩個不同的人，他不認識我的朋友，我也不知道他說的張先生是誰。

這……也太扯了吧！

但是都已經來了，不妨就聊聊吧！

「不知道有什麼可以為你服務的？」我說。

這幾個年輕人準備成立一個音樂教室，因為他們曾看到我一本有關音樂製作的書，覺得我很適合在這邊開班授徒。

「是這樣的，李老師，」天啊！又叫我老師，「我們想要……」

「等一下，等一下！」我趕緊喊卡，「千萬不要叫我老師，我很感謝你們給我這個機會為你們服務，但是我也有很多事要跟各位學習；在音樂方面，我或許比各位多一些知識，但各位在其他方面的經驗可能是我所沒有的。」

突然想起，《聖經》裡邊也有提到，耶穌說：「不要稱我為老師。」

「所以你們不要叫我老師，直接叫我David就好了。」

「好吧！David……」

結束一個多小時的談話準備離開時，我說：「再一次謝謝各位給我這個機會，也提醒各位叫我David就好了，別叫老師了，如果你堅持要叫，請叫我……嗯？那……李『夫子』呢？」大家笑成一團。

說完再見，我便轉身走入電梯準備離開，心裡還在想著「李夫子」，嗯，這個稱呼還比較有「韻味」，我喜歡……但還是叫我李先生或David好了。

好，現在我們一起來看這段有趣的經文：

〈馬太福音〉第二十三章第一到十二節（簡譯）

1那時，耶穌對眾人和門徒談論，2說：這些學者和法利賽人坐

在摩西的位子上，3凡他們所教導你們的你們就去遵行，但不要效法
他們的行爲，因爲他們能說不能行。
4他們把難擔的重擔綑起來，擱在別人的肩膀上，但自己一個指
頭也不肯動。5他們所做的一切事都是做給人看的，所以將佩戴的經
文做寬了，衣裳刻意做長了。6喜愛宴席上的首位，會堂裡的高位；
7又喜愛別人在街市上問他安，稱呼他爲拉比（老師）。
8但你們不要受拉比的稱呼，因爲只有主是你們的老師，你們都
是弟兄。9也不要隨便稱呼別人爲父親，因爲只有天上的父神，才是
你的父。10也不要讓別人稱你爲老師，因爲只有主基督是你唯一的老
師。
11你們中間誰最偉大，就是要來服侍別人。12凡自高的，必降爲
卑；自卑的，必升爲高。

耶穌這些話裡，正在告訴你一件很重要的事，什麼事？

第十節告訴你，只有主基督是你唯一的老師。

咦！這聽起來還似乎真的很狂傲；我聽了也感覺不可理喻。

但你可要注意，這裡卻充滿了一個重要的關鍵喔！你要加倍的注意。

這裡既然說　祂又是我們唯一的老師，而今天的你、我都活在這二十世紀，住在台灣的、香港的、大陸的、美國的……你要我如何去請教這唯一的老師呢？

「打電話」？當然不可能。「登門拜訪」？也不可能……那你要我怎麼辦？

話說到這裡，那祂到底在講些什麼呢？

這裡就是重要的「關鍵」；祂很清楚地知道有一天祂會離開這世界，所以祂現在就很明確地告訴你……你只有一個老師。當老師離開

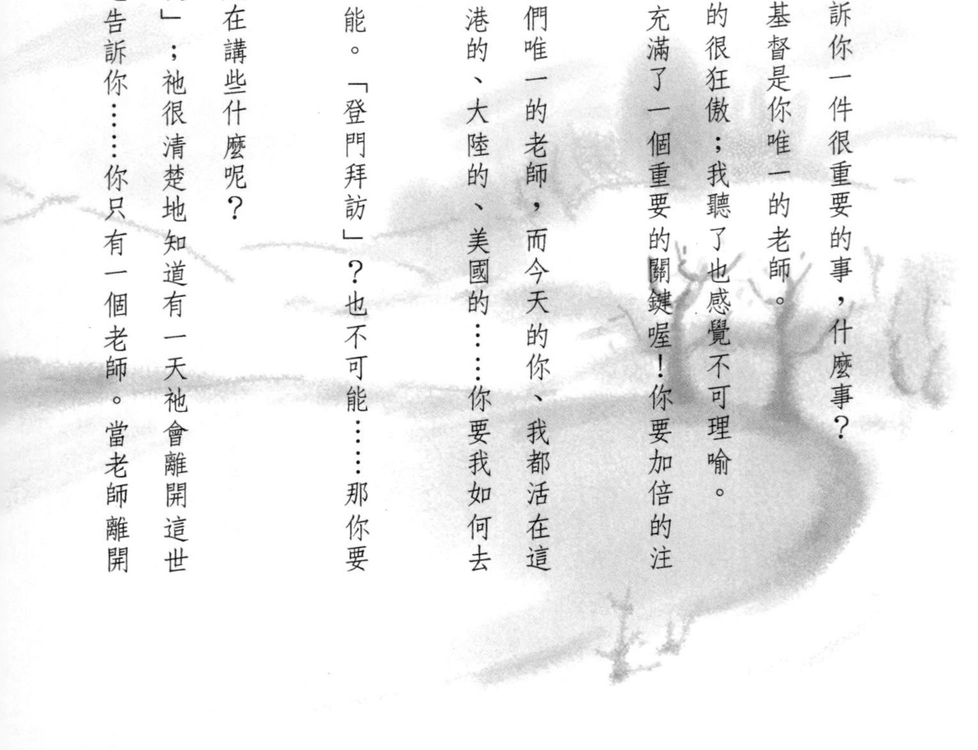

後，**你還是只有一個老師**。

那現在你要如何請教這唯一的老師？**「禱告」**……敞開心，跟祂講話，向祂請教。而且只能「**唯一的**」向祂來請教，別無他人喔！

試想想，你今天在學校裡，走到這裡請教這位老師，然後又走到那裡請教另一個老師，到處請教。結果會是什麼呢？

你不但會得罪了所有的老師，到時候，沒有一個老師會理你。當然，對你以後所提出的各種問題，也不會慎重地處理。

但這裡還有另外一個重點，為什麼是「**唯一**」，「別無他人」呢？

為什麼？

因為第三節到第六節，不是已經告訴你了嗎？……他們「**能說不能行**」，他們只是喜歡被「**崇高**」，因為他們根本不清楚你的狀況，所以沒有資格、也沒有能力給你任何答案。

還有一點，為什麼祂是「**唯一**」？

因為，你請教別人，你會越請教越迷失。不用我多解釋，你自己也一定有這樣的經驗。

所以，在你的生活、事業、家庭中，當你遇到恐慌、徬徨、猶豫的時候，你不知道該如何做選擇、如何去分辨的時候，拜託你，不要隨便向你周圍的人請教，因為沒有任何一個人能做你的老師。

所以，靜下心來……禱告，把你的困難告訴祂，然後細聽祂的話語，祂會告訴你的。

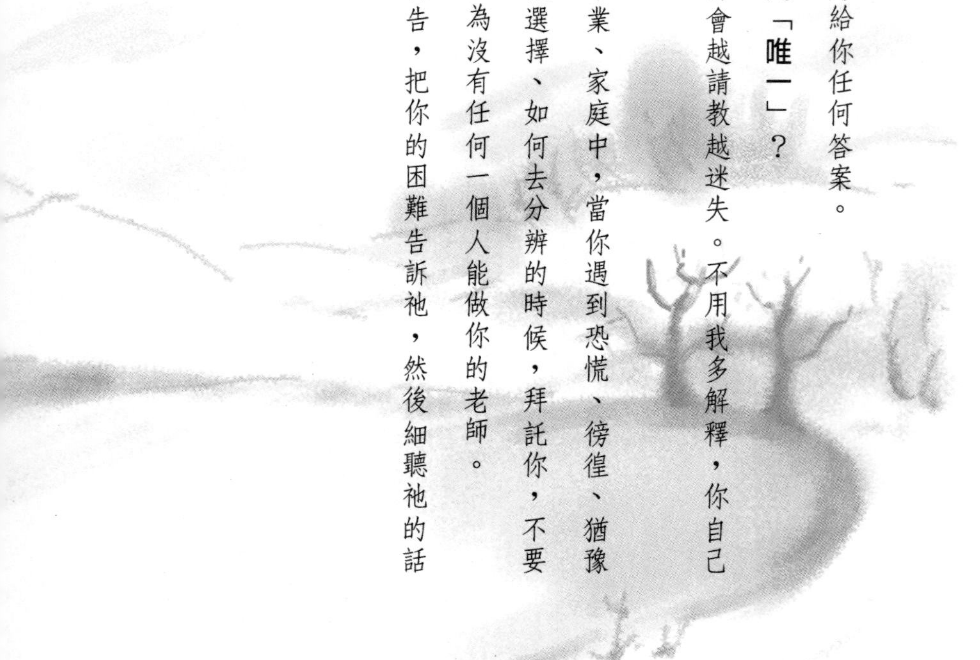

魔鬼，我要甩你個兩巴掌！

每個禮拜三晚上，我們的教會裡有一些非常要好的朋友，下班後都會固定聚在一起。我們不打麻將，也不喝酒。只是大夥定期聚在主人的家中吃個簡單的晚餐，然後彼此分享在這個星期中，每個人生活的小心得，與心靈中的一些體會與成長。

喜悅和苦痛、失望或徬徨，在日常生活中所面臨的一些困難與問題，我們在這裡都會彼此聊一聊。藉著這些溝通，我們經常彼此鼓勵、彼此幫助，對個人生活成長中都有很大的幫助。

而平常，只要我的工作不繁忙，我都會參加這個聚會。

今天晚上的聚會，地點在牧師的家，大家還是一樣聚在一起禱告，可是不知道為什麼，我感覺到今天四周的每一個人都特別軟弱，非常無力。似乎每個人都已經被生活擊倒了。

很明顯的是一股非常軟弱的氣氛纏繞在每個人之間。我不知道有什麼專有名詞來描述這種「無力」、「疲乏」的陰影。

表面上看來，或許一般人稱它為「軟弱」或「無力」。但這次的氣氛，我似乎可以感受到有一種「失望」、「放棄」的「小」聲音糾纏著我的這群好友。我不知道你是如何辨別或稱呼這種現象，或是遇到這種現象時，你是如何處理的。

但恕我簡單直接稱它為——「魔鬼」。

它真正的名稱到底是什麼，可能不是那麼重要。我只知道我非常非常地厭惡它、鄙視它、痛惡它，於是我毫不猶豫大聲地舉起手，指著前方，大聲吶喊出：「魔鬼，你給我滾出去！滾出這個地方。」

我的聲音非常大，雖然是在五樓公寓裡聚會，我想這裡三樓的住户大概都聽得到我的吶喊聲。

「不准你靠過來，你只要過來我就賞你兩巴掌，我們是上帝的子女，依耶穌基督的名，給我滾開，你沒有資格過來接近我們任何一個人！」我握緊了拳頭，狠狠地對著「它」說。

我非常明白地向「魔鬼」表示，我根本就不歡迎它，我一點也不喜歡它，它只要靠近，我一定對它不客氣。

因為，平常聚會的時候，我都比較安靜，只是靜靜地聆聽大夥的心事，大家都被我這突如其來的舉動給嚇了一跳。牧師走到我的身邊，牽著我的手說：「我今天也感覺到魔鬼的力量非常強大，謝謝你。」

事後，我對牧師說：「其實我不是很懂神學的人，但我很清楚，魔鬼絕對不是我的朋友；誰是我的朋友，誰是我的敵人，我分辨得很清楚。它不是我的朋友，所以我一點都沒興趣讓它靠近……就這麼簡單！可以請它走路。」

對魔鬼你大可不用太客氣。牧師與我互相用力高空拍手，“Give Me Five”。

在你日常生活中，當你感到被任何力量壓抑住，讓你沮喪、迷失、憂慮、喘不過氣，我告訴你，你就大膽地「面對面」跟它「他媽的」挑戰。絕對不需要什麼客氣，更不要垂頭喪氣被它擊倒。

站起來，仰頭、堅定地吐它兩把口水。因為，告訴你個秘密，「魔鬼」的力量是很有限的，它只是一個空包彈，只要你堅定，它拿你一點辦法都沒有。

再何況你有創造宇宙萬物的上帝，還有耶穌基督站在你這邊，你還有什麼好怕的？

走！到底誰怕誰？

曾經有過好日子，但底子給破了

這個禮拜的行程是住在麥克的家裡，位於洛杉磯市郊區的小鎮上，我們在這個偏遠安寧的地方一起創作出很多的音樂。

麥克原先是我二十年前錄音室裡的一個客户，因為他的背景和我很類似，從事電腦，又熱中音樂，所以從原本的客人也逐漸變成一位無所不談的好朋友。

十年前的一個晚上，他的妻子在半夜突然吐血暴斃過世後，留下了兩個五歲與七歲最可愛的女兒，完全依賴他一個人照顧。多年來，我們除了在心靈上經常彼此溝通之外，他也一直是我事業上的好夥伴。

晚上吃完了晚餐，我們在客廳裡看電視，突然，麥克大力地拍了一下我的肩膀，興奮地說：「David，有張CD很有趣，你一定要聽一下。」

說著，就去翻箱倒櫃把那張CD找出來，把CD放進音響，然後把CD外殼丟給我看。

這是一個包裝滿精緻的專輯，專輯名稱叫做《I've Seen Better Days...》，但是在這行字底下還加了一個括弧寫著"But The Bottom Dropped Out"。

由於現在市場上流行很多舞曲，一首歌往往有許多不同的混音版本。有的版本是刻意地將低音做得很強，所以當我看到"The Bottom Dropped Out"時，我照例直覺地反應這是否又是一種新創意，特別採用「去除低音」的混音版（註：The Bottom在音響界裡，係指低音部分）。

是不是有一些特殊的效果？這是不是麥克急著要讓我聽這首歌的原因？我自問。

麥克一邊聽著音樂一邊跟著搖擺身子，加上他那大光頭（前陣子他剃了一個一千燭光的雪亮光頭）也跟著搖頭晃腦，真是有趣極了！

乍聽這些歌詞，這根本是在敘述一個人原本過著很富裕的生活，突然間，跌落谷底似地變得窮困潦倒，就像我們手捧著一個箱子，箱子裡邊裝滿了許多東西，忽然箱子的底部破了個洞，全部的東西都掉了出來。

所以這首歌的作者取名為“But The Bottom Dropped Out”（但底部給破開了）。跟音響一點都扯不上關係。

我現在才明白麥克為什麼要我聽這首歌了，而麥克似乎也知道我在想什麼，兩個人互相看了幾眼，彼此都露出會心的一笑……我們不都曾走過這些路嗎？

「你還記得那些事嗎？」麥克問道。

記得，我當然記得。我一點不猶豫地回答。

一談到這些年來，彼此人生中所經歷的一些事，現在我們忍不住地大笑起來。

歌詞中男主角描述著……我以前也曾有過一段富裕的日子，一切的一切都是那麼順利，而老天爺卻在我最順利的時候開了我一個大玩笑——「我破產了！」

在我自己人生最顛峰的時刻，上帝將我的一切全部奪走，就像我曾經捧在紙箱子裡的東西，全都一股腦兒地掉落到地上，而麥克就是陪我走過這段路的人，他也曾看到我被別人誣告，無辜地送到監獄裡，在保釋中陪我一起出庭，陪我走過這段我永遠都無法想像的路。

沒錯，當你親身體驗過這些困苦的時刻，我知道絕對是非常的艱辛不易。

我們每個人或多或少都會有各種不同的遭遇，但從這些事情中，讓我深深體認到一點，每次上帝讓我們遭遇到這些痛苦的時候，無非是想告訴我們：「你不用害怕……因為到了谷底也不過就是如此……不是嗎？」

因為你曾經走過，所以當你再面臨失敗的考驗時，你就不會再懼怕了，因為最糟的事情你都已經嘗試過了，你還擔心什麼呢？

人生的最低點，也不過是如此，你還害怕什麼呢？所以，抬起頭來，繼續往前走。

人生還有更美好的事物等著你，這些挫折只不過是一個「過程」，祂正在教你……教你更知道對未來的挑戰如何應變。

麥克問我：「你憎恨那些**底部破開的日子**嗎？」

「很痛，但一點都不恨。」我回答。

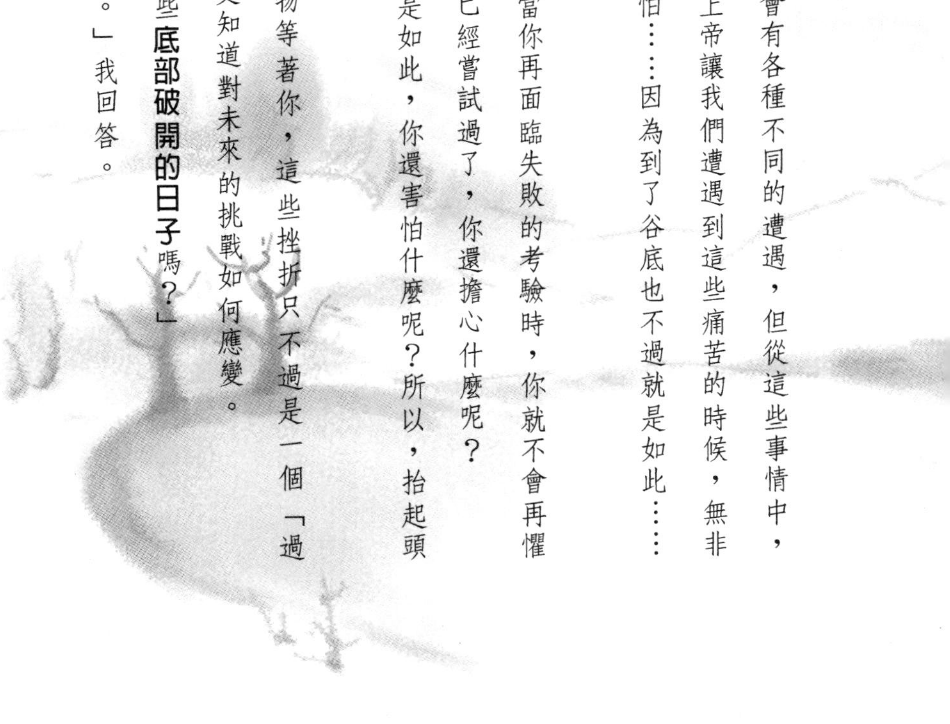

不但不憎恨上帝曾將我最心愛的東西拿走，我反而要感謝 祂。

因為，每當我再次遭遇失敗的考驗時，耳邊就會有一個聲音響起：「David，沒有什麼好怕的，走到谷底也不過是如此！」

現在每走過一次失敗，我更有勇氣面對下一個挑戰。感謝上帝讓祂的孩子走過一些人生的最低點，因為走過後，你就不再懼怕，更謙卑、更勇敢。

謝謝祢，上帝！

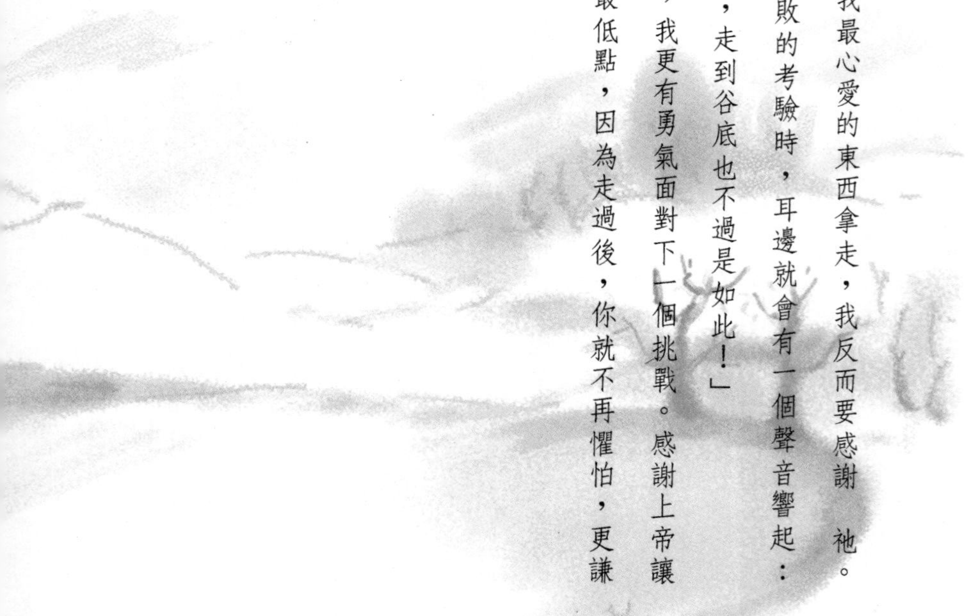

你最近會有很多事情不順

今天一大早，丁先生從加州的矽谷打了通電話過來。在閒話家常之中，他提到最近遇到了一位法師，這位法師開口就對他說：「你最近會有很多的事情不順。」

就為了這句話，丁先生連續幾天心情一直好不起來，開始處處懷疑有什麼大難即將降臨在他頭上。

他吐了一口長氣後，也自嘆：「哎！這一陣子，的確許多事情似乎樣樣都真的不很順。」

我一邊聽著他說，一邊想笑。

連續一兩分鐘，我一言未發。最後，聽他說完後，我忍不住笑出來。

他好奇地問，「嘿！你傻笑什麼？」

我說：「這些話簡直是廢話，這輩子我還不知道我曾經什麼時候有『順』過……」

「只要你是有責任心，對人、對公司、對你的家人、對你的孩子有承諾，你就不會『順』。因為，負責就是一種『承諾』，『承諾』就會產生壓力……」我說。

縱然我們有壓力，但我們很「平安」。

因為，我們的心中有上帝與我們同在；而我知道那創造宇宙萬物的上帝更是我的「後台」，那天下還有什麼好讓我害怕的呢？

「唯有一種狀況……你會很『**順**』。就是把所有責任推卸掉，完全不負責……對！你就會很順；一者你出家與世隔離（連出家人都不見得一路**順**），或者等到你『死了以後』……你就會很**順順順順**……」

我笑笑地與他聊著。

「你的**不順**，正表示你對工作與家庭的負責，你願意突破、你願意嘗試……就憑著這一點，我對你更有信心。」我對他說。

就算現在是你人生的低潮，這也是很正常的，不是嗎？

低潮是一個很寶貴的階段，它可以讓你茁壯、讓你堅強……的確不好過，我知道，但好好享受這段精彩的生命過程。

你以為找個人幫你算算命，指點一下，你的命剎那間就會從「衰」爬到「旺」。

告訴你，不可能。

這全都是因為我們人「貪」。

「貪」於找到一個捷徑，可以一下子解決所有的問題。

人生本來就是一個正常週期性的起伏……有上有下，嘿！你以為這是什麼，這就是人生。

你只能在「衰」的時候，加倍謹慎，避免更多不必要的禍患。當你在「旺」的時候，加倍的謙虛努力，讓你的「旺」期延續得更長。

人生是如此，國家也是如此，有興有衰，這根本不用我來解釋，這是大自然的現象。

如果一個人、一個國家，永遠都是「順」的，你告訴我他在哪裡，我還真想去認識認識他。

連耶穌的命都不順，而且還「真的很苦」。

如果你的命很苦，你應該感到很欣慰，你與耶穌、國父、華盛頓，都是同一個俱樂部的會員。

比爾蓋茲（Bill Gates）創造有史以來最暢銷與通用的電腦軟體，他走在路上還挨人丟蛋糕，公司成功了還挨政府試圖分割它，不是一次、兩次，而是十幾次；就算他發財了，但他又什麼時候生命很

「順過」？

有名的牧師羅博舒樂（Robert Schuller）、知名的星雲法師、泰瑞莎修女，他們照顧的人越多、面對的人越多，也就有越多的承諾……他們生命中才有更多更多的「不順」，我從來不知道泰瑞莎修女一路走過來是很「順」的。

我不知道從何時何地起，「宗教」把人教得越來越不負責任。

許多宗教、算命，從古至今，都利用這種「點他幾句」、「說幾句似懂非懂的話」的一貫技巧來「找客戶」，也試圖來凸顯某種神靈的權威。

如果仔細分析，他們的目的也不外乎是為了$$$$$……「打開商機」。

因為，這些話很必然地會激起每一個人的恐懼感、疑問及好奇感，然後利用這樣的心態，又可以開啓一個新的客戶，上門收錢算命或「開導」。

我一點都不排斥賺錢。

「開導」、「指引」本來就是一種非常正當的服務，它是多年智慧的傳授，心理的諮詢與安慰，是非常值得大家尊重，而受益者付費更是天經地義的事，與教授開課，沒有什麼不同或可恥。

但是利用「恐懼感」，假借「神明」，製造他人的不安，進而取費……這，對不起……

下次，再有人對你這麼說，你就可以大聲的說：「請你閃開點，你的命**順**嗎？」

想像五年後的你

如果讀到這裡，你仍然還不是很確定，如何發揮、如何掌握那信心的力量，或是仍然有點疑惑不知如何踏出你的下一步；時常對你的未來感覺一片模糊，沒有一點方向感，因為看不到未來，而心中也逐漸開始充滿了恐慌，不知道下一步該如何走。

如果你現在有這種感覺，請不要難過。

因為，我們每個人都一定會有這樣的經驗，而且不會只有一次。所以恭喜你，加入我們的俱樂部，你絕對不是頭一位有這種感覺的人，也更不是例外。

讓我與你分享一段小故事，或許在這個階段，可以很實際地幫助你走出目前的困境。

一九七六年的冬天，當時我十九歲，在休士頓太空總署的太空梭實驗室裡工作，同時也在總署旁邊的休士頓大學主修電腦。縱然忙於學校、睡眠與工作之間，這幾乎佔據了我一天二十四小時的全部時間，但只要有多餘的一分鐘，我總是會把所有的精力放在我的音樂創作上。

我知道寫歌詞不是我的專長，所以在這段日子裡，我處處尋找一位善寫歌詞的搭檔，與我一齊合作創作。我認識了一位朋友，她的名字叫凡內芮（Valerie Johnson）。自從二十多年前離開德州後，就再也沒聽過她的消息，但是她卻在我事業的起步時，給了我最大的鼓勵。

當時年僅十九歲的凡內芮在德州的詩詞比賽中，不知得過多少獎牌。她的寫作總是讓我愛不釋手，當時我們的確合寫了許多很好的作品，一直到今天，我仍然認為這些作品充滿了特色與創意。

一個星期六的週末，凡內芮又熱情地邀請我至她家的牧場烤肉。她的家族是德州有名的石油大亨，擁有龐大的牧場。她的家庭雖然極為富有，但她的穿著、所開的車，與她謙卑誠懇待人的態度，更讓我加倍地打從心底佩服她。

凡內芮知道我對音樂的執著。然而，面對那遙遠的音樂界及整個美國陌生的唱片市場，我們一點管道都沒有。此時，我們兩個人坐在德州的鄉下，我們哪知道下一步該如何走。

突然間，她冒出了一句話："Visualize what you are doing in 5 years?"（想像你五年後在做什麼？）

我楞了一下。

她轉過身來，手指著我說：「嘿！告訴我，你心目中『最希望』

五年後的你在做什麼，你那個時候的生活是一個什麼樣子？」

我還來不及回答，她又搶著說：「別急，你先仔細想想，完全想好，確定後再說出來。」

我沉思了幾分鐘，開始告訴她：「第一，五年後，我希望我能有一張唱片在市場上，而這張唱片很受歡迎，可以得到許多人的肯定。第二，我住在一個有很多很多音樂的地方，能天天與一些世界一流的樂師一起工作。」

凡內芮說：「你確定了嗎？」

我慢慢穩穩地回答，而且拉了一個很長的Yessssssssss!

凡內芮接著說：「好，既然你確定了，我們就把這個目標倒算回來。

「如果第五年，你有一張唱片在市場上，那麼你的第四年一定是要跟一家唱片公司簽上合約。」

「那麼你的第三年一定是要有一個完整的作品，可以拿給很多很多的唱片公司聽，對不對？」

「那麼你的第二年，一定要有很棒的作品開始錄音了。」

「那麼你的第一年，就一定要把你所有要準備錄音的作品全部編曲，排練就位準備好。」

「那麼你的第六個月，就是要把那些沒有完成的作品修飾好，然後讓你自己可以逐一篩選。」

「那麼你的第一個月就是要把目前這幾首曲子完工。」

「那麼你的第一個禮拜就是要先列出一整個清單，排出哪些曲子需要修改，哪些需要完工。」

「好了，我們現在不就已經知道你下個星期一要做什麼了嗎？」凡內芮笑笑地說。

「喔，對了。你還說你五年後，要生活在一個有很多音樂的地方，然後與許多一流的樂師一起忙著工作，對嗎？」她急忙地補充說。

「如果，你的第五年已經在與這些人一起工作，那麼你的第四年照道理應該有你自己的一個工作室或錄音室。那麼你的第三年，可能是先跟這個圈子裡的人在一起工作。那麼你的第二年，應該不是住在德州，而是已經住在紐約或是洛杉磯了。」

次年（一九七七年），我辭掉了令許多人羨慕的太空總署的工作，離開了休士頓，搬到洛杉磯。

說也奇怪；不敢說是恰好五年，但大約可說是第六年。一九八三年，我的唱片在亞洲開始暢銷起來，我一天二十四小時幾乎全都忙著與一些頂尖的音樂高手，日出日落地一起工作。

每當我在最困惑的時候，我會靜下來問我自己：恕權，五年後你「最希望」看到你自己在做什麼？

如果，你自己都不知道這個答案的話，你又如何要求別人或上帝為你做選擇或開路呢？

別忘了！在生命中，上帝已經把所有「選擇」的權力交在我們的手上了。

如果，你對你的生命經常在問「為什麼會這樣？」「為什麼會那樣？」……的時候，你不妨試著問一下自己，你曾否很「清清楚楚」地知道你自己要的是什麼？

如果連你自己要的是什麼都不知道的話，那麼愛你的主又如何幫你安排呢？不是嗎？

而在你旁邊的人，再怎麼熱心地為你敲鑼打鼓，愛你的主也頂多給你一些慈悲的安慰。

因為連你自己都還沒有清楚地告訴祂，你要的是什麼？那麼你又豈能無辜地怪上帝沒有為你開路呢？不是嗎？

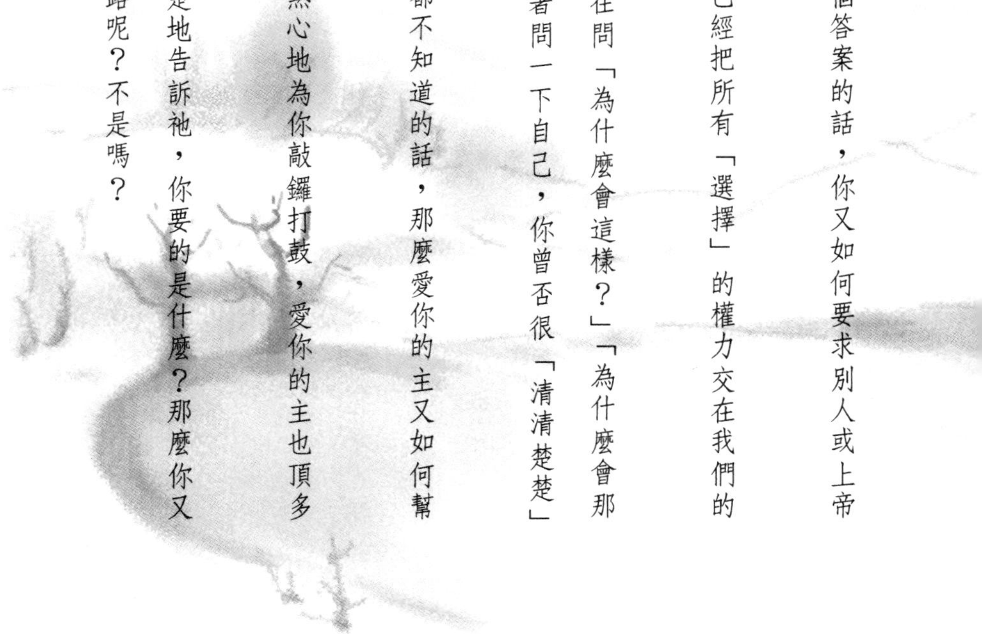

等一下，在還沒有往更深一層探討之前，我們把這個「觀念」放到一個實際的案例裡，讓你在往後的生活中，更能切實地體驗及發揮。

我公司的一位總經理，有一天在晚餐上向我解說目前公司的營運。他花了整整十五分鐘的時間向我訴苦，目前他在運作上所碰到的種種困境。

資金不足，讓他無法做廣告推展業務。澳洲工程總監返國離去，讓他無法依賴目前的員工。業務起伏不定，讓他完全失去信心，甚至考慮放棄。而這位總經理現在正在修他的E-MBA（企管碩士）。

我聽他說完後，緩緩地告訴他：其實你的問題在每一個企業裡，都一定會面臨到；沒有一家公司是天生下來就有足夠的資金、一流的人員，及現成穩定的業務。

我問他，「你現在最需要的是什麼？」

他說：「資金、人才、業務，我現在都需要。」

我接著說：「你三個都可以有，但如果只能選一個，那麼你會先選哪一個？」

他說：「那可能是資金，噢！我也需要業務。」

我問他：「假設是資金，那麼你需要多少資金？」

他回答：「還沒想過。」

我告訴他：「如果你能很明確地告訴我需要多少錢、這筆錢將如何運用、未來的預計成果，那麼我就可以向股東開會討論籌資。」

我接著說：「好，我們現在就把這個困境當做你ＭＢＡ課程裡的一個範例。你仔細地寫出一個**突破現狀**的**戰略**。最後，很明確地告訴我，你首先需要的是什麼，然後我們再來針對你的第一個**需要**來想辦法解決。」

我最後告訴他：「只要你能說得出一個具體的需要，我才能評估是否可以幫得上，但如果你連這個都說不出來，沒有任何一個人能幫得上你。」

因為我們未曾為自己的未來負起責任，徹底地去設定「目標」；而這往往導致我們所做的每一件事、所做的每一個選擇，與自己真心所要的相互牴觸。

三十六歲的那一年，我已經離婚六年了。在這段時間裡，生命中有莫大的改變，也曾交往過許多不同的異性朋友。

或許是個性不同，或許是自己一時無知，有一些很好的姻緣與感情一個個從自己的手中流走或擦身而過。

雖然公司的業務蒸蒸日上，但在那些瘋狂忙碌的尾聲後，靜靜的夜裡，我知道單身的生活並不是我以後一輩子所想要追求的。

一天晚上，我獨自跪下來禱告，把我這些最心底的話告訴上帝。

一句很清晰的話再度出現在我的耳裡；「恕權，五年後你**最希望**

看到你自己在做什麼？」

我坐下來後，靜靜地把五年後理想中的我，在自己的心中一一詳盡地描述出來。

我的妻子是什麼樣子，是賢妻良母型的？火辣型的？女強人型的？

我的孩子五年後希望是幾歲了？

當我把這些細節在自己的心中完整地描述出來後，臉上的微笑似乎忍不住地浮出來；因為我知道……祂聽到了。

如果這真的是我想像中五年後的我，我就必須對這個目標負起責任。

我也知道，從那天起，我不要再隨便出去約會了。

我要靜下心來，完全憑著信心靜靜地等待。

因為，我知道，當我盲目地忙碌於交際，真的適合我的人，就算出現在我的眼前，也會因為我的浮躁而看不到、聽不到。而這個人也會因此在我的生命中擦身而過。

自從那晚起，大約有七個月的時間，我完全謝絕了所有社交活動的邀約。

每天早上六點半到公司與同仁一齊上班，直到晚上九點[註]晚班同事下班後，仍然留在辦公室整理當天所有的報表，到十一、二點後才離去。大約有一半的時間，我經常連夜就近住在辦公室的休息套房過夜。

第八個月，一通來自舊金山老朋友莫名其妙的電話，在曲折的過程中我認識了我的妻子。

說也奇怪，五、六年後的今天，我的小孩即將開始上幼稚園的大班了。

朋友們，你能想像五年後的你是在做什麼嗎？

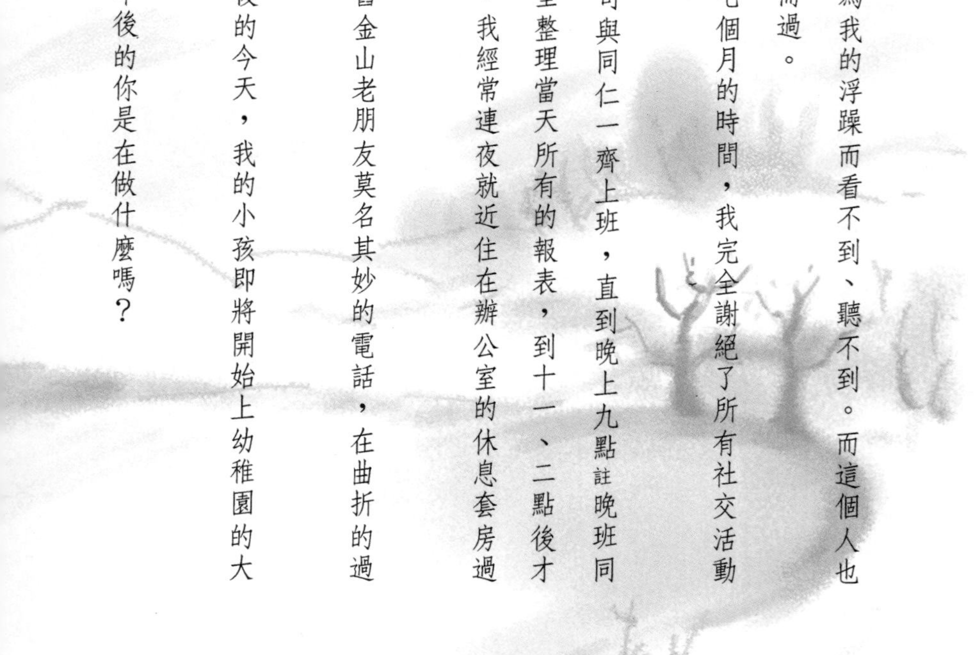

成功或不成功，沒有人能為我們保證。

你也不需要急著看到成果，你就安安穩穩地做你自己該做的事、該盡的責任，其他的，你就全部交給上帝。

但這裡有幾個重點，你一定要掌握到：

1. 你要很**清清楚楚**地描述出五年後的你……在這裡**清楚**是要點，不能模糊喔！

2. 我沒有問你五年後你**能不能**，而是問你**希望**的是在做什麼？

來，把你心中的願望大膽地告訴祂。

祝福你，就憑著你對祂的信心，還有那顆謙卑的心，祂會一步一步地帶領你，賜福給你……這是祂的承諾。

註：爲了應付美國東部的業務所需，其中有四小時的時差，我們公司業務早上六點開始上班。第二班業務設在晚上九點下班，係針對夏威夷州及阿拉斯加州的客戶所需，其地區與洛杉磯有晚四小時的時差。

我們可不可以面對現實，談談「上帝」是誰？

各位朋友，很好奇地想問你，你認為你自己是偏屬於——

1. 無神論者
2. 基督教
3. 佛教
4. 道教
5. 回教
6. 天主教

7. 其他

無論你的信仰是什麼，其實我認為我們之間可能有的差異，並不如想像中那麼大。

一九九二年夏天，我與幾位要好的朋友一同在泰國度假。一群人擠在白色的沙灘上戲水，而我們這邊幾位則選擇了在陰涼的木屋下，伴著幾杯冷飲，大夥歡笑一堂，天南地北隨便亂聊著。

我一搖一擺地從廁所裡走出來，轉頭聽到坐在門邊的這幾位朋友有趣地開始聊起宗教。

早上十點剛過，這間木造的海灘餐廳空盪盪的。而我順手也抓了杯可樂，坐在一旁的板凳上，細聽他們之間的談話。其中有一位年約二十八歲的吳小姐，開始聊到她最近對宗教的「第一次接觸」。

正在談論之際，坐在吳小姐身旁的男朋友蔡先生，眼見他心愛的女友最近這陣子在心靈上所引發的一些突然變化，從他的眼神之中，可以感覺得到他似乎特別關心，而且還帶了點緊張的神情。

男孩子無意中對著靜靜坐在一角的我，冒出了一句話：「李先生，聽說你是位基督徒？」

「其實是不是基督徒都不重要，我想我們的心都是在敬拜那創造宇宙萬物的上帝。」我回答。

我把椅子挪了一下，趨前好奇地問蔡先生：「那你呢？」

他舉起手，似乎帶了點歉意地回答：「對不起，我是無神論者。」

旁邊的幾位朋友也跟上說：「我也是無神論者。」

我對著他們笑笑地說：「歡迎你。」

我好奇地問坐在面前的這幾位朋友：「我不知道你們認為基督徒是在拜什麼？」

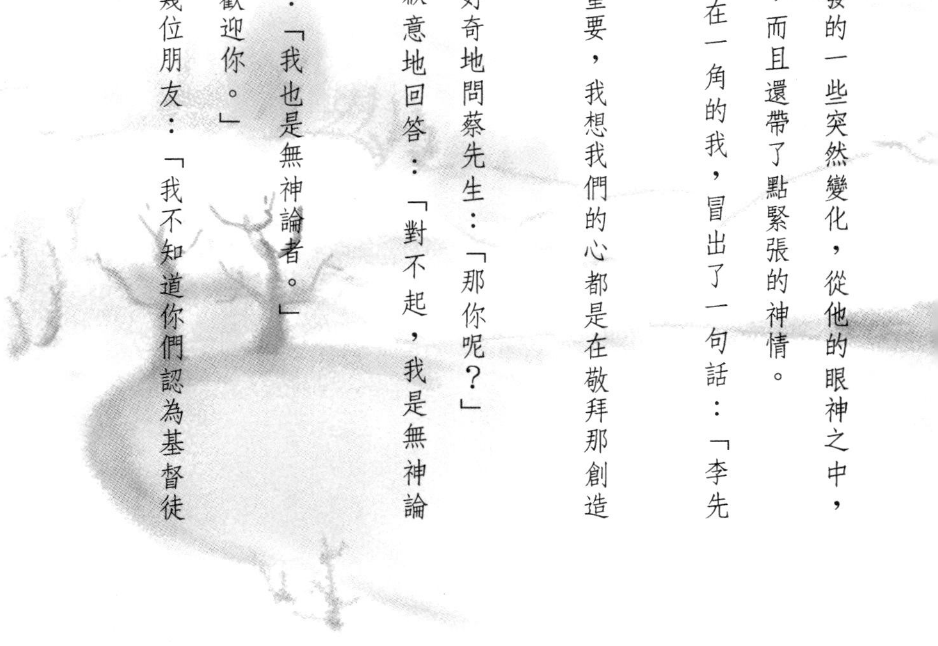

「首先，我必須很抱歉地向大家說，在過去，我們的宗教不知道從何時何處開始，把上帝完全用『人的角度』給『神話化』了，如果造成大家的誤解，也請大家原諒。」我接著說。

「我自己從來沒有看過天使帶著白色的翅膀飛來飛去，也從來不知道什麼時候上帝是住在天堂，那天堂又是在第幾號星球？是銀河系還是太陽系？我也不知道地獄是不是在地下一百公里的某個地方？充滿了辣油、火鍋？我相信，在座的幾位無神論者，你們應該是可以接受，這整個宇宙是由某一種力量，或是一種能源，好，我們就暫時說它是一種現象，所演變或進化而成的……這個你們可以接受嗎？」

「可以……可以接受。」他們篤定地點點頭回答著。

「那我們之間沒有什麼差異；因為我們都是一家人。只不過你們稱**這個東西**為**力量**、**能源**、**定律**、**現象**、**大自然**，我不過是為了方便起見，就簡單地稱**這個東西**為**上帝**。既然我知道**這個東西**是那麼地**龐**

大、**偉大**，而我又是生活在**這個東西**所營造的空間之下，所以很直接地我會去想瞭解、認識**它**或敬拜**它**。而我不過是稱你們的**它**，為**上帝**……就這麼簡單！」

「只不過在我逐漸認識**祂**的過程之中，我發現，**祂**，或你們所謂的這股**力量**，是**活生生**的。」

「因為你知道，我也知道，這個**祂**或**這整個大自然**，仍然是不斷地在演變。並不是如想像中，**這股力量**創造了宇宙之後，就把這個宇宙孤獨地丟在一旁，不去理它了。」

「因為祂是不斷地在演變，所以我知道祂是活的。」

「因為，這個宇宙是祂所創造的，我也是祂所創造的，再加上從我生命中所走過的每一個腳步，我更知道祂的存在。」

「而我猜想，大家所謂的無神論者，只是你們不能接受，應該說**不願意**接受那個**力量**、**能源**是過去那些宗教裡的神話，或在那些奇形怪狀的儀式中所打造出來的**神**，或是只要一碰到一些解釋不出來的事，人們就開始冠上**神**的說法。」

「其實，我敬拜的是**誰**？」

「絕對不可能是那些人所雕刻出來或傳說神話中的奇神怪鬼。而就是那宇宙萬物的造物者。」

「我只是很簡單地把心打開，我願意並且主動地去追求、學習、認識祂。而在這個過程之中，我與祂建立了一種「一對一」的親密關係。」

「雖然我不笨，但我清楚地知道我自己的能力有限。當我回頭，看看我用我自己的小聰明在做事的時候，我的成績真的不怎麼偉大，而且撞得更是鼻青眼腫。」

「因為祂比我更偉大，也更充滿了智慧。」

「所以，在我生命中我做了這樣的一個選擇——我要認識祂」。

「如果你也認同有『那股力量』的事實存在，那麼就讓我們謙卑地一齊來認識祂。」

「說得更實際一點，如果我們能學習對祂多一分瞭解，我們就更能自如地在祂所創造的空間中運作，讓我們在生活中更能發揮、更能掌握，也讓生命更充滿了光彩與快樂。」

「你對這個還有疑問嗎？」

挑戰你的信仰

「五餅二魚」是真的嗎？

今天，我隨手翻了一下《聖經》，看到「五餅二魚」這個故事。

故事描述，有一次耶穌在山上講道，身邊跟隨了大約四、五千人，當時間已晚，大家都飢餓萬分，可是身邊卻找不到任何食物，全部所有的，只有五個餅和兩條魚。

隨後，耶穌拿著這手中僅有的食物，對著天空禱告。之後，便將這些食物一一掰開分給眾人，最後還剩下十二籮筐的食物。

這是每一個基督徒都很熟悉的一個故事，相信非基督徒可能也有所耳聞。

自從我十五歲受洗到現在，已經將近三十個年頭了，這個神奇的故事也不知道聽過了多少遍。而過去一直只是聽了就算了，並沒有特別留意其中的細節。

但是當我走遍世界各地後，我開始更深一層地關心我四周的人，發現有太多人拒絕相信上帝，原因並不是不相信這個宇宙中有一個造物者的存在，而是不願意將生命交給那種「神話」故事裡的神。

不是因為他們心中沒有神，而是這些神話故事，在今天這種科技時代，已經很難交代得過去，而且只會讓大家對教會更反感罷了……

的確，我們可以很自我、高傲地說，這是《聖經》裡所記載的，所以是**神的話**，萬萬不得質疑。

但很可惜，就是因為這樣的態度，我們讓那些千千萬萬的人，在今天的社會裡不願意與我們所指的**上帝**親近。

自己為一位愛主的人，反省一下，我們能怪別人嗎？

還是，我們應該打開心房，反省反省是不是我們有些責任未盡。

這些事一直梗在我的心裡極為難過，也因為這個原因，給了我無數的力量，一定要把這本書寫出來。

我告訴你，你也不用太難過。雖然「五餅二魚」的故事裡，充滿了許多智慧的比喻，但是故事裡的過程與細節，我相信讓很多人，也包括我自己，都無法接受。

原因？

很簡單。

我只是好奇地想問一下：五塊餅二條魚餵飽四、五千人的「過程」？

1.是不是耶穌把五餅二魚一片一片切成五千小份，然後每個人只分到顯微鏡裡的一小部分。只要人聞到、碰到，肚子就飽了。

但若真是如此，又為何不清楚地記錄下來？那又如何在當晚結束時還留下了十二大筐的食物？

2. 是不是附近熱心人士知道有這麼多人在挨餓，趕快將足夠的食物運達，並分給大家享用？

3. 還是像大衛魔術一般，耶穌拿出一塊布將食物罩住，再掀開的時候，原來的「五餅二魚」已經變成「五千餅兩千魚」？

既然是「奇蹟」，而且又有五千人在現場觀看，為何就沒有一個人可以將整個的流程詳細地記錄下來，而只是模糊地交代過去？

我所認識的上帝是那創造宇宙萬物的上帝，祂不需要、也不會做一些「大衛魔術」的演出來吸引信徒。因為只要你打開眼睛，祂的奇蹟、祂的山、祂的水、星星、月亮、你自己的身體，每天處處都可以看到。

這不都是「奇蹟」嗎？你還看不夠嗎？

你還有什麼好疑問的呢？

然而，在過去二千年，因為資訊缺乏，處處皆是文盲，為了能吸引更多的人注意，的確用這種「神話」、「奇蹟」的方式在學校或教會裡教導，藉著「神蹟」而產生某種「權威」，進而約束人們的心，維持社會安寧，這也實不為過。

現在，這些歷史中的「神話」一一地開始被識破。自從資訊與媒體普及後，「知識」已不再是那些權勢者的專利品，我們也逐漸發現這些「神話」，不都是一些君王或政府所指定的「國家教育部」裡的作家所撰寫的嗎？

我絕對相信「奇蹟」，因為我走過，我相信你或許也曾經驗過。

但是你知道，我也知道，上帝的奇蹟不是用來做表演的，祂更不需要用這種表演吸引人來相信祂。

如果你也曾經對這些「奇蹟」帶有遲疑，請不要責怪自己，或開始懷疑你是否對上帝不貞，或是對祂開始缺乏信心。

反而我要告訴你，你的質疑是合理的，而且是可以諒解的。

因為，我絕不認為你的質疑是質疑上帝是否真實，或《聖經》的真理性。而是很切實地對當時的「記者」（原作者），及後來一千五百年來，「人為」的撰寫、改編，提出合情合理的詢問。

若是有人對你說：「你的質疑是缺乏信心的表現。」

你可以大大方方地告訴對方：「如果你的信仰是建立在這些神話中，那麼你的信仰與迷信有何差別。」

到了二十世紀的今天，我希望我們能開始用坦然的心態，彼此溝通，將上帝所賦予我們的責任，彼此扶持、彼此相愛，好好地實現。

就是從這些行為之中，奇蹟出現，而萬人就可以看得到上帝的神蹟，也會知道，祂的確是活生生地活在你我之間。

人生的目的是什麼？

人生的目的到底應該是什麼？

古今中外，很多偉人告訴我們很多不一樣的答案。有的人說：為了救世人啦！創造新生命啦！世界大同啦！崇高的答案好像一大堆，但我很想送這些人兩個字「虛偽」。

我一直相信人生的目的其實很簡單，就是「追求快樂」（pursue of happiness）。

為什麼說「追求快樂」？

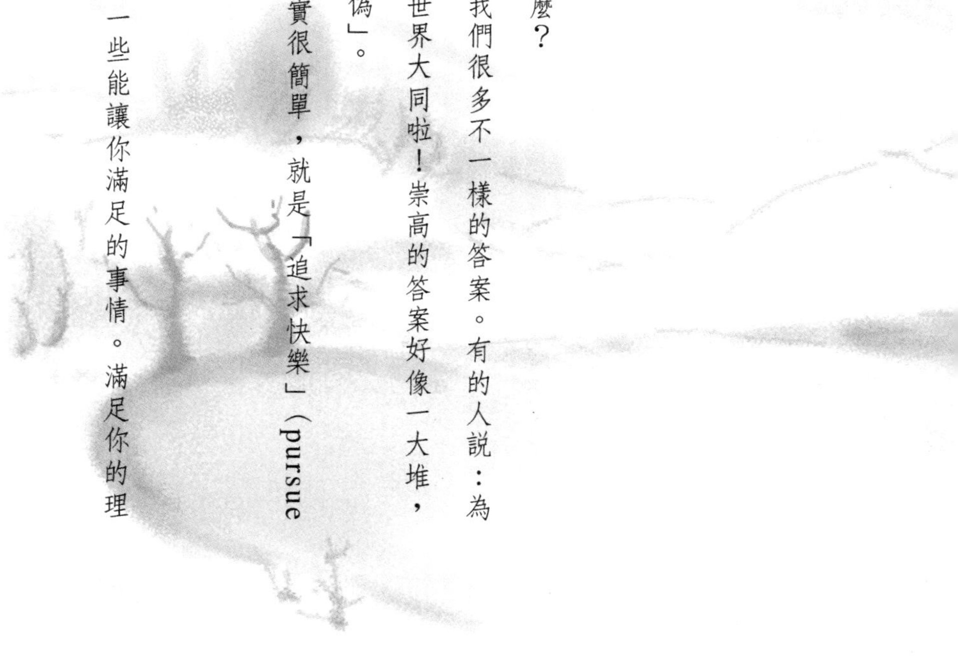

追求快樂，其實就是指做一些能讓你滿足的事情。滿足你的理

想、你的興趣、你的需要的一些事。

當然，每個人「快樂」的定義都不一樣。

國父孫中山覺得他的人生目的就是革命，驅逐腐敗政權。這是因為革命能使他得到滿足感，滿足了他的理想。

否則他怎麼不去做個企業家或做個書法家。這些工作，對其他人而言，可是絕對可以滿足他們的興趣與理想。

因此，只要有任何事能使你快樂，能讓你獲得滿足，你就大膽地去追求，並且也會被祝福的。但有一點是絕對的重要，就是在追求快樂之中，你不能傷害任何一個人，包括你自己。

你想喝點酒、你想吸點大麻、你想吃喝嫖賭或anything……只要不傷害別人，也不傷害自己，你就去做。

喝酒、吸毒會不會傷身？我相信你有絕對的智慧自己知道答案。

過度的吃喝嫖賭會不會敗家傷身？當然會，任何事過量都會傷害到你。

但原則第三記住：千萬不要讓那個東西掌控了你喔！

你不要又跳起來，指著大罵：李恕權你是不是道德腐敗，自我放縱？

不是。

認識我的人都知道，我工作積極，晚睡早起，煙酒不沾。

為什麼在此時此刻我要提出這一點？

因為我看到太多人經常跟我訴苦，他們生活得好不快樂。這個不能做，那個不能做。做了之後，又一直懷疑這是不是「上帝的祝福」。長久在這種心態之下，個個變得軟弱，沒有自信心。

然後，又開始問我：「唉！我去尋找點快樂是不是就是**罪**？」

嘿！不覺得活得好累嗎？

我現在要告訴你，只要你抓住以上三個原則，你有責任、也有義務大膽地去尋找你的快樂。你也絕對會被賜福。

耶穌來到世上，就是要讓我們得以全部釋放。上帝要看的是一群快樂的孩子，不是畏畏縮縮的子民。

千萬記住第三個原則：「不要被它給控制住」。

麻煙毒品會在你身體裡造成化學反應，它會控制你，所以答案是「根本就別碰它」。

我先聲明，我絕對不是鼓勵大家放肆去做一些吃喝嫖賭的事，而是希望我們能用健康的心態正面地去面對我們每個人的一些基本慾望。

我去過拉斯維加斯賭過錢，但我卻不是賭徒。我偶爾也會喝點酒，但我絕對不是酒鬼。

我絕對不反對你做這些事，但請你不要被這些酒色財氣給控制了。因為，一旦你被控制之後，你就會不快樂。人活在這世上，如果可能的話，你應該盡量去體驗每一件事，體驗各種生活層面。

不要等到有一天你死了以後，站在上帝的面前，上帝問你，我給了你七十多年的時間在人間，你有沒有快樂到、有沒有「爽」到？然後，你苦哈哈地說：「沒有，但我很乖！」

我想，我若是上帝，我會馬上甩你兩巴掌，簡直白給了你七十年。

放鬆心情，大膽努力地踏出，去做你想做的事。當你先讓你自己快樂起來之後，保證財富自然也會跟著來……你不快樂，天天帶個臭臉，誰敢跟你做生意呢？財富又怎麼來呢？

其實，人生的目的不就是「追求快樂」嗎？

有些人認為追求清高的生活能讓他感覺到更親近上帝，同時也帶給他無限的平安與靈性的滿足，其實這不也是他的一種「追求快樂」嗎？

既然如此，那就盡情去做，我全力支持你去追尋你的滿足與快樂。

現在，我要去追尋我的快樂了。

我的快樂是什麼？

咦！那就得留給你的想像力囉！

踏實點，想通了，你的人生也就會好過多了，不是嗎？

去你的！不信上帝就下地獄？

如果，有一個人初學鋼琴，他瘋狂地愛貝多芬，見了人就彈《第五號交響曲》，然後到處宣揚這就是偉大的《第五號交響曲》。而你又明明聽過英國交響樂團的《第五號交響曲》，跟他所彈的大有出入。

此時，我只能奉勸你，不要因為他彈得不好，而對貝多芬產生了偏見，好嗎？

首先，我不喜歡說重話。但我希望藉著這樣的語氣，能喚醒大家的注意。

每次當我看到「不信上帝就下地獄」這種標語或招牌時，我就想吐，而又更是痛心。

如果，一個人可以對另外一個人狂妄地說這種話，那恕我對不起，狂妄地告訴他「去你的」。

請問，說這話的人在沒信上帝前，去過地獄嗎？地獄是火鍋燙油，還是……？

所謂「地獄」是心靈中的地獄，還是……？

如果你要告訴我，「不信上帝就下地獄」，對不起，我現在就不想相信你的上帝；如果有人跟我說「天國近了」，對不起，請你告訴我那年那月吧！

這種話已經說了兩千年，我們大家可不可以開始務實一點？

這種心態、這種標語，讓多少人遠離上帝。

我們經常看到這些字語張貼在牆上、電線桿上。

老實說，生活已經是一件不容易的事情，在馬路上，還有人告訴你，不信祂就下地獄。可想有多少人見了這些標語，連頭都不回就想離開。

對不起，不要說別人，連我看到了也都想走。

我相信，寫這些標語的人他們的出發點可能是警惕世人。但我不知道當他們印製這些標語的時候，有沒有想過，這些話是讓路人甲、乙、丙願意親近上帝，還是遠離上帝呢？

中共要統一台灣，天天用文攻武嚇來「警惕」台灣。台灣人的反應是什麼？你我都知道結果。

縱然有很多人支持統一，但是在這種以「恐嚇」的方式相對下，明顯地只會導致更多人拒絕統一，反而海岸兩方越走越遠。

我想告訴你，創造宇宙萬物的上帝絕不會因為你不信祂，而懲罰你。

我也知道這樣說，絕對會有很多人反對。

但在我生命中，我知道，我不信祂的時候，祂並沒有懲罰我，只是我令祂失望了。因為祂有多少話、多少福氣想告訴我、想賜予給我。但因為我過去「選擇」了固執，並拒祂於門外，讓祂的確很難過。

我們受到「懲罰」，有太多太多的原因。可能是做了不正義的事，也可能是受人陷害，也可能跟你完全無關（〈約伯記〉第一章第九至十二節，〈傳道書〉第九章十一至十二節）；但絕對不是因為你不信上帝而受「懲罰」。

因為我曾親身走過，我可以告訴你。

因為相信了祂，我開始知道祂的道路，我逐漸瞭解祂是如何運作。

如果你要我講得更白一點：那便是——因為認識了祂，我更能進一步瞭解在那看不見、摸不著的第三空間裡，祂是如何運作的。

也因為認識了祂、瞭解祂、愛祂，因而恩賜也就降臨到我的生命中。縱然曾經走過無數的危機，但因祂陪著我，也背著我，沒有一次步入到毀滅的路上。

沒有信上帝，你的生活就一定宛如地獄嗎？

你知道，我知道……不見得。

注意一下四周，多少人不信上帝，依然長命百歲，生活過得也非常充實。

嘿！翻一下〈傳道書〉第七章第十六至十七節，所羅門王說：「不要太邪惡，也不要太善良。」

為什麼不要「太善良」？

連所羅門都知道，我們人本來就是人。老實說，上帝在乎的並不是我們有沒有修身成為聖人。

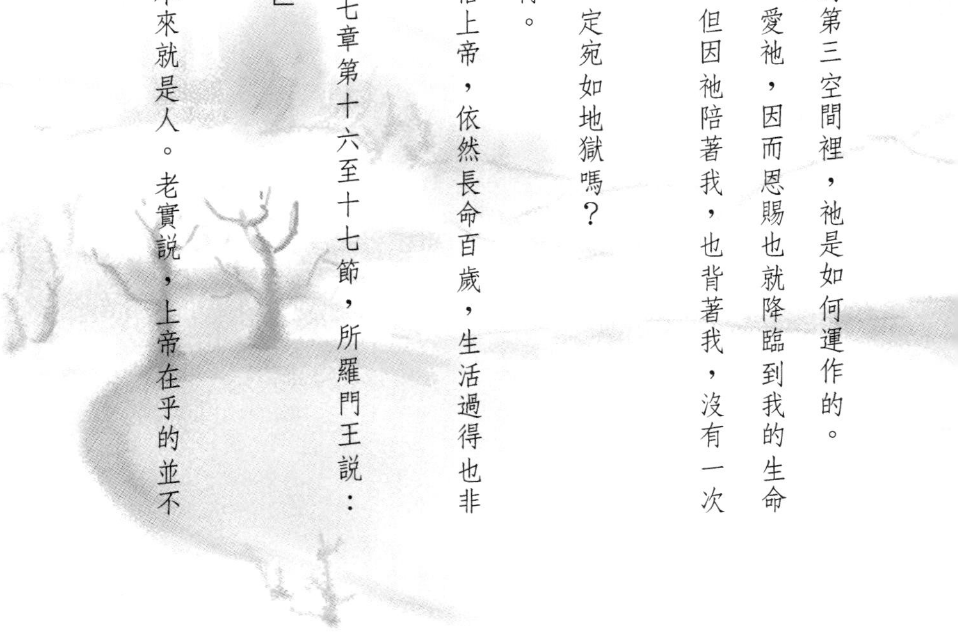

反而，人太善良的時候，一定就會「假冒偽善」，而假冒偽善最終就是會被看破、被摧毀的。

如果，過去這些字眼讓你把祂拒絕於門外，嘿！不要因為這種事而對祂失去信心，那只不過是一些不太會「彈鋼琴」的人的傑作，不要太在意，好嗎？

註：〈約伯記〉第一章第九至十二節（現代中文譯版）：

撒旦（試探約伯，向上帝）回答：「要不是有利可圖，約伯還敬畏你嗎？你時常保護他，他的家，和他所有的一切，你賜福給他，使他事事順利；他的牲畜漫山遍野，不可勝數。現在你若把他所有的都拿走，看他不當面咒罵你！」

上帝對撒旦說：「好吧，他所有的一切都在你手中，由你擺布，只是不許你加害他本身。」

〈傳道書〉第九章第十一至十二節：

在這世上，善於賽跑的人不一定得獎；勇士不一定打勝仗；聰明人不一定有飯吃；機智的人不一定富有；能幹的人不一定居高位。時運左右一切。人不知道自己的時運。正像魚被魚網網著，鳥被羅網捉住，在預料不到的時候我們突然陷在厄運中。

你確定這是上帝的旨意嗎？

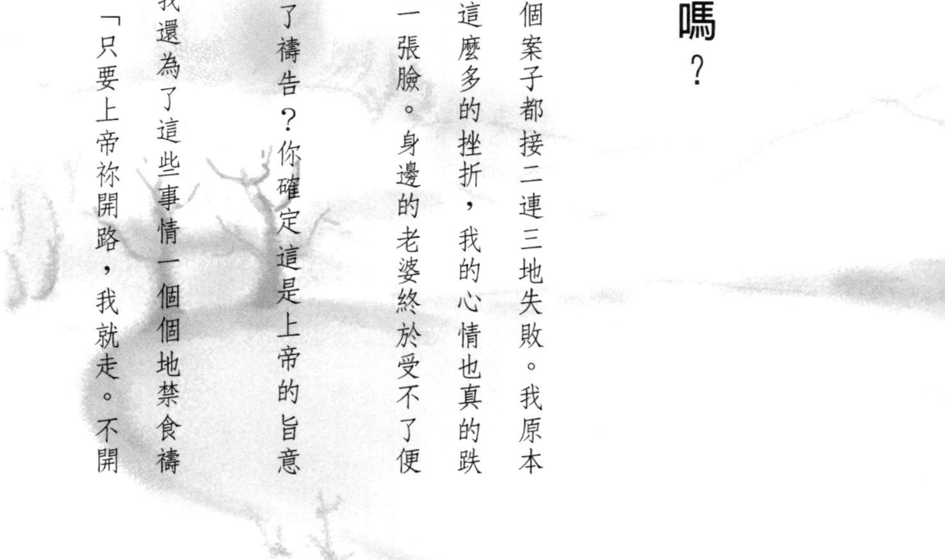

這幾個禮拜以來，我手中四五個案子都接二連三地失敗。我原本是個非常樂觀的人，但是面對連續這麼多的挫折，我的心情也真的跌到了谷底，所以走到哪裡都是臭著一張臉。身邊的老婆終於受不了便開口問：

「你確定你做這些事之前作了禱告？你確定這是上帝的旨意嗎？」

我告訴她，我不但有禱告，我還為了這些事情一個個地禁食禱告。每一個案子，我都誠心地說：「只要上帝祢開路，我就走。不開路，我就停。」

但為何當路開了、我走了，結果卻是失敗呢？

我知道妻子的出發點並非惡意，只有好意；她是為我提高警覺。但在連續失敗後，還引人質疑，不瞞你說，我自己都開始懷疑，是不是哪條路走錯了。

你是否也曾經有過這樣的經驗？

這幾天，我哪裡都沒去，在家靜靜地回顧這五年來所做的每一個決策，反省是否真的哪裡有無意或刻意之中違背了上帝的旨意。

在懷疑之際，突然聽到一個清澈的聲音：「我從來沒有答應過你，所有的事都會成功」。

「交給上帝之後，所有的事就一定會成功嗎？」

這麼多年來，走過多少成功也走過多少失敗。幾次當身邊的事情失敗或是不順的時候，一些朋友經常會說：「你是不是事前沒有禱告？還是當初你沒有把這件事情交給上帝？」自己內心的焦慮不提，外人的質疑讓你更失去信心。這種感覺我知道，你也一定曾經驗過。

對那些認為只要是上帝所指引的路，在所有的過程中就不會遇到困難、失敗、低潮的想法，我倒要大聲地再加一句話，「上帝不會為你做任何決策」，你聽得進去嗎？

祂，已經把權柄與力量完完全全地交付給你了，祂已經說清楚講明白了，你要做所有的決策，而且你要為自己的決策負責。就這麼簡單。

《聖經》裡，哪一個人沒有經過失敗？大衛王、所羅門王、約伯、摩西，誰沒有打過敗仗，誰沒有遇到困境？難道他們事前全都沒有禱告嗎？

走過這麼多的失敗與成功，我發現了一件事情，那就是我現在一點都不懼怕失敗。反而，就是要靠失敗，才能一步步地找出正確成功的方法與答案。

現在每遇一次失敗，我爬起來就更堅強。

我經常對上帝說：「請祢讓我過些好日子，別再開我的玩笑，好嗎？」

同時，我更發現每失敗一次，當下次再遇到困難的時候，我只會變得更穩、更自如。

因此當你下次又失敗了，不要再讓那些人質疑你是否犯了什麼「罪」、是否有違背祂的旨意、是否是上一代的詛咒。

只要你是上帝的孩子，耶穌基督是你的主……所有的詛咒已經全部被釋放瓦解了。假若你真的犯了什麼罪，聖靈也會很清楚地告訴你。所以，我一點都不為你擔心，反而對你充滿了信心。

那些挑釁離間的話只會讓人更失去自信，讓力量更無法釋放出來。你就大膽徹底地離開這種人。

失敗後，你可以抬起頭，高興地說：「哇！又上完一次新的功課，我現在更聰明、更茁壯了。」

阿門！

不要隨口說方言

相信對很多贊成講方言的朋友而言，我的話不太中聽，在此，先請息怒三分。

或許有些人也會批評本人實在不知道如何「享受」那方言的恩賜。

首先，先表達立場，「我不排斥說方言」。

但「說方言」到底是一種「敞開心靈浴沐在聖靈充滿之中」，還是「在不當的運用下，會產生負面的影響」？

給我五分鐘，我們做深一層的瞭解。

首先，針對一些對「方言」較陌生的朋友們，容我先大致解釋一下何謂「方言」。

這邊所指的方言和一般所指的地方方言不同。地方方言是指當地的一種獨特語言。而教會裡所指的「方言」，則是根據《聖經》裡的記載，當有些人被聖靈充滿的時候，他就會開始講出一般人聽不懂的語言。由於許多教會比較提倡「聖靈充滿」，所以也經常在聚會中鼓勵大家全心放開，讓聖靈充滿，而大力提倡並鼓勵在祈禱時講方言。這種情景有點類似佛教或道教的作法與乩童。

在眾教會之中，針對「方言」，各有不同的意見。

有些教會鼓勵大家講方言，也有些教會持反對態度，也有的教會是不阻止也不鼓勵。

在這裡，我想向各位說的是，無論你對「方言」持何種看法，但不要隨便說方言。

原因？

首先，我絕對相信「説方言」其中的奧秘。我也認為當「聖靈」充滿的時候，方言的確是很自然的一種溝通方式與境態。

但我們在講方言時，到底是：

1. 真的被「聖靈所充滿」？還是
2. 「玩神弄鬼」？還是
3. 在不斷練習之下，將自我推入一個半催眠狀，然後稱其為「聖靈充滿」？

如果講方言真的是被「聖靈充滿」……那實在太好了。

但如果不是，那我就希望你問一下自己，你在做什麼？而這答案只有你自己心裡才知道。

我誠心地提醒你，做事千萬不要假冒聖靈之名。如果你經常喜歡把自己帶入半催眠狀，然後激發你的心靈，那也沒有什麼不好，只是我要提醒你可能會面臨到的一些負作用。

這些負作用是什麼呢？

在我長年觀察一些經常「沒事就說方言」的人，我發現到他們：

1. 長期「服用」方言，「聖靈」與「現實」經常分不清楚，生命中完全缺乏方向。
2. 胡言亂語之中，對問題不予踏實面對。在長久迴避的心態下，也逐漸養成「推卸問題」、「不敢擔當」的人生態度。
3. 自我「神聖與清高」的心態加重，經常以個人的主觀衡量批評他人的屬靈與道德生活。

其實，各位仔細閱讀《聖經》後，也不難發現，「說方言」的事蹟真的不多，用手指頭就數得出來。

古時候，教會、廟堂用「方言」、「聖靈降臨」、「神明指示」這樣的方式，幫助了很多人在困難中找到答案。同時，也是以宗教謀利賺錢的一種方式。

其實，在一個知識閉塞的社會裡，很多人為了不願意為自己所做的選擇承擔責任，或可以輕鬆地將責任推給「這是神明的指示」，所以這樣的風氣的確有其必要，也是可以瞭解的。

在我的人生中，一步一步陪我走過來的上帝，祂曾經給予我無數的啓示，並且也是一步步地帶我走過所有的困難。而在這之中，從來沒有一次聽說過祂要我先去「做法」、「說方言」，或要求我需要「充滿聖靈」，然後智慧、啓示或是答案才會降臨。

我只有謙卑地跪下來，不發一語地聆聽祂……就這麼簡單。不是嗎？

這不是耶穌基督重複地告訴我們嗎？祂不需要儀式，不需要宗教的奇裝異袍，不需要道具肖像，祂只在乎你、我的心。

你會看到一些教會，只要主持人一聲提議，大家就開始用「方言」禱告。

「方言」絕對不是一個大夥一聲令下，聖靈就立刻出現，讓每個人啓口開始説起「方言」；如果真是如此，這不叫「聖靈充滿」，這是「玩神弄鬼」。

我也看到過一些人在所謂「方言」禱告的時候，牧師還睜著大大的眼睛，一邊「方言」禱告，一邊調整麥克風架子，一下子又指揮司琴，甚至還在倒茶。

在這種教導的方式之下，只會教出一些「情緒化」、「亢奮」、「自我催眠」與「糊里糊塗」的基督徒來。

《聖經》〈新約〉裡，記載著當使徒們因為聖靈充滿後，開始不由自主地用「方言」開始祈禱。

嘿！這一點我絕對相信。

乩童，也會說「方言」。

叢林中的土著在敬拜一些神鬼後，不是也經常開始說起「方言」。這種景象在Discovery電視頻道上也可以看得到。

我所認識的上帝，祂不是「玩神弄鬼」的上帝，也不需要把自己推入半催眠狀，才能感受到祂的恩賜與聖靈，也不是需要培養或訓練自己會講方言，才稱得上更「屬靈」。

祂是創造宇宙萬物的主，祂是永恆不變的。當我稱祂為我的父親時，祂已經把我當成祂親生兒子般地愛我、保護我、領導我。

我只要隨時心靜下來，祂的聲音就在我的身邊。

你有責任注意你的所行、所言。

因為，胡言亂語以「聖靈充滿」作藉口，只會將自己逐步推入自我催眠狀態。而這與打開你的心靈，安靜地聆聽祂所要給你的智慧，與如何為你開路，是絕對不同的。

朋友們，至於你要選擇在半「自我」催眠下所得到的啓示，還是你希望在寧靜與平安中，細聽祂的話語與智慧……我相信你有能力為自己做出一個聰明的選擇。

聖母馬利亞真的是處女嗎？

我萬萬不敢隨便用這樣的一個主題來寫書，污衊或藐視《聖經》中任何一個人物。但我清楚地聽到了一句話，所以容我今天誠實地將它一句句地寫出來：

過去我需要用這些「處女」的神話，來抓住當時許多無知人的心，讓他們能靜下來細聽或體會。所以我也就必須用那種原始的神話故事來比喻教導你。

但現在你們成長了，這些神話已經造成太多的矛盾，而這樣的牴觸已經令無數的人刻意的遠離、排斥與厭倦，讓你更把我排斥在外面。

我現在就用一種你能瞭解、接受的方式，告訴你我的存在。

故事的經過是這樣的：

前一陣子，我碰到一位好朋友，也是一位牧師，我問起這位牧師說：「牧師，請問聖母馬利亞（耶穌的母親）是不是處女？」

這位牧師毫不思索地說：「是的，她是處女。」

我頓了一下，再問第二遍：「牧師，聖母馬利亞是不是處女？」

牧師依然非常篤定地說：「是的，她是處女。」

我拿起桌上的一支筆，彷彿當做是支麥克風，再慎重地問了牧師：「請問，聖母馬利亞究竟是不是處女？」

牧師看了我一眼，以一種非常肯定的眼神告訴我，「是的，她是處女。」

我把筆放下，請原諒，我沒有任何污辱的意思，但誠懇地說道：

「牧師，請問你是不是上過聖母馬利亞，不然你怎麼知道她是不是處女？」

我說：「你知道不知道你在做偽證，在法庭上這是會被判刑的。」

我想一個比較正確的說法應該是：「依照我個人的信仰，或跟據《聖經》上的記載，我認為她是處女。」

牧師頓了一下，好奇地問我為何突然丟這樣一個問題給他。

「的確，就是過去這樣錯誤的『盲目』教導，導致多少基督徒今天還是生活在糊里糊塗的狀態中，他們的信心禁不起一點風吹雨打。而非基督徒更是因為這些論調，離開教會遠遠而去。」我說。

我說：「對不起，牧師，請原諒，我絕沒有污辱你和污辱聖母馬利亞的意思。只是我引用這樣的一個例子，很清醒地警惕我們，不要再做偽證了。」

我讀遍《聖經》，從來沒看過一次馬利亞曾親口對大家說：「我是位處女。」

甚至連馬利亞的爸爸可能都不知道他的女兒到底是不是處女。全天下除了馬利亞自己，還有曾與她有直接接觸過的人可能知道之外，沒有一個人會知道她是不是處女。既然如此，我們又怎能不負責地說：「對，我確定她是處女」？

我是位寫歌的人，有時為了表達純高的讚美與尊敬，的確，在當時以「處女」視為貞德標準的社會裡，我可能也會用「處女」兩個字來描述一位偉大的女性。

我也曾經是眾人追逐的偶像，所以我也親身體驗並且知道別人會將你的故事、你的一舉一動做無止境的修飾。

為了宣傳，這些記載與報導幾乎與事實百分之五十不合。

這些宣傳的手法與「修飾」，往往都是一些支持者的好意，只要他們的出發點不是惡意，又可以幫助人，當事者往往沒有必要去阻擋他們。

因此多年來，這種用「超自然」與「神話式」的教導方式，造成許多人今天的信仰仍然存留在這些神話當中。

其實認識那創造宇宙萬物的上帝是一件非常踏實的事，而不是沉淪於一些虛幻的境界之中。

五百多年前，英國詹姆士皇帝召集了幾百位學者，將地中海附近所挖出來的古卷，翻譯成英文，然後整理出我們今天所謂的《聖經》（King James Bible），並且推行這本書，讓它普傳天下，當時不但成為英國的國教，也是每個學校裡的基本教科書。

的確，在資訊不通達的時代，一個國家與政府「必須」（我特別用「必須」這兩個字，以表示在當時這真的是唯一也是最簡單的方法）用「神鬼」或「神力」的方式，來嚇老百姓，以掌控整個社會。

譬如在過去，如果你不聽朝廷的話，晚上就會有鬼來抓你；你不納稅，就會有神來抓你；或是為了統治國家，穩固自己的獨裁掌權，皇帝也就在自誇他捧的情況下，逐漸變成「天子」了，似乎就在人間替代了上帝的地位。

國王、皇帝其實原本不都是一些篡位者嗎？

中國是如此、英國是如此、羅馬帝國是如此，《舊約聖經》裡幾個帝王也是如此。

當馬太、彼得等人在寫《聖經》的時候，已經是 耶穌死後五、六十年的事了，距離實際聖母生懷耶穌的時間是當時大約一百年以前的事了。

在今天的世界裡，一百年前的事往往都不見得搞得清楚。更何況在二千年前的時代裡？

而編纂這本King James的聖經又是在　耶穌死後一千五百年的事。

我真的很難站在台上告訴大家：「我知道她是處女。」

我是一個藝人，當年我也曾經被塑造成一個偶像。每當我在一些雜誌或新聞報導上閱讀到有關我的不實傳聞，我都覺得很好笑。我知道一旦當你成為眾人所尊崇的對象時，你的一舉一動很容易會被神化、被誇張化，我想這是可以被理解的。

就像我在寫歌時，對於某些情境，我也會予以修飾，讓它以更完美的形式出現，而這些內容是不是與事實相符，我想未必。

就像我在這本書的前頭說過，造物主創造這個世界，所有的東西都已經是奇蹟了。祂根本不需要、也根本不屑去用任何一個神話故事，來吸引你相信祂的存在。

十誡中明明白白地告訴我們，不可以做偽證。但自以為聰明的我們，卻天天在犯這個戒條，還沾沾自喜。

朋友們，如果過去因為這些「怪力亂神」，讓你一直遠離去認識一位創造宇宙萬物的神，我向你道歉，因為到了今天我們始終還是沒把話講清楚，也誤導了各位。

如果今天你已經是一位主內的朋友，我們是不是該負起點責任，把正確的訊息帶給大家？

各位，上帝已經創造了無數的奇蹟，祂真的不需要利用「聖母是處女」這樣的神話來博取你的歡心，才讓你願意來相信祂。

馬利亞把耶穌帶予我們，因為尊敬她，讚美她為「聖」，絕對無可厚非。

只是從今以後，我們無論傳教講話，對我們所說的話都要開始負責任，不要再做「偽證」了。

並且要開始反省，調整一下我們的一些「說詞」與「教材」，讓我們對上帝的認識是建立在一個穩固的磐石基礎上。

如此，我們的信心才會更堅強，世人也會看得出我們的信仰是「活」的、「踏實」的，而不是還在「神話」裡打轉。

註：無論你對這篇文章的想法是多麼排斥，但這裡的出發點絕對不是玩弄聖名，而是更「健康地」去面對一些現實。

既然神愛世人，為何將大地震降臨台灣？

這個星期我們來到了巴西演出。

一九九九年九月二十一日的下午打開電視，CNN臨時插播快報台灣大地震的消息。由於受到電訊中斷的影響，在電視上僅能看到一些零零碎碎的現場災情報導片段。

每一分鐘，我們全體工作人員全都盯著CNN的頻道，聆聽來自國內的最新消息。

第二天，災情現場更淒慘的畫面開始，一幕幕浮現在我們這群海外遊子的眼前。

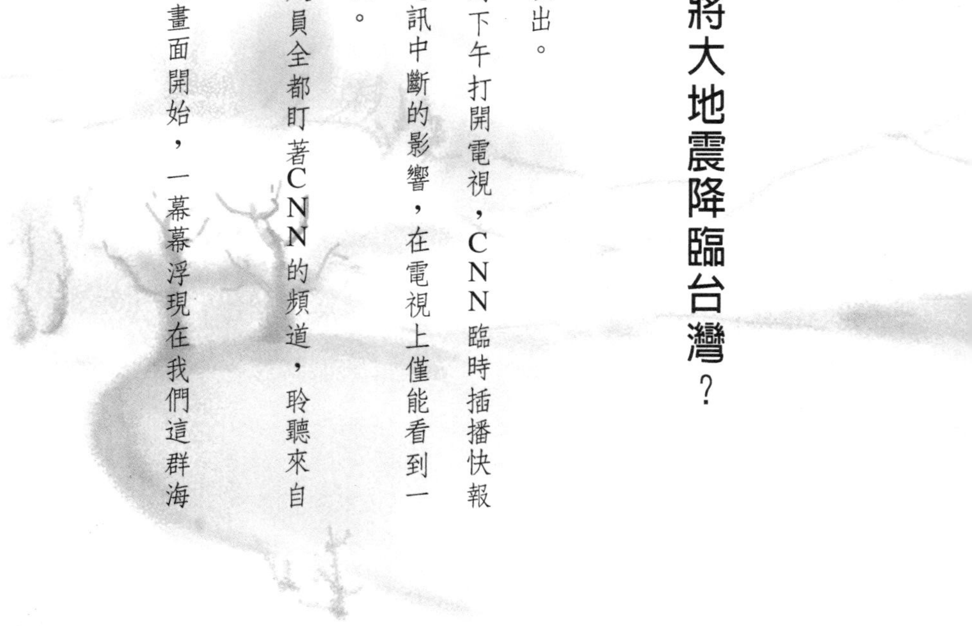

早餐桌上，每位團員都互相交換從家屬越洋電話裡所得到的最新災情報導。

在一旁的幾位基督徒也開始紛紛議論到這次的地震，是不是上帝的懲罰、啓示、怒火、再創？

我聽了聽，最後實在有點聽不下去。我也不知為何，冒出了一句話：「各位！既然神愛世人，為何讓這樣大的地震降臨給我們？」

對著一位正就讀於某神學院的蘇先生，我說：「我沒有什麼偉大的特別答案，但因為我對神學院不是很瞭解，所以很想知道在神學院裡，對這些自然界的大災難，一般的解讀是什麼？」

蘇先生說了許多，我靜靜地聽。

他也很熱心地拿了一些《聖經》經文做參考。當然，也提到我們人因為有罪，所以這些災難降臨到我們之間。

對於為什麼會有這些天災人禍的說法，在教會中不時聽到許多不同的說詞。但綜合起來，大約不超過三到四種解說，例如：一、因為是人犯了罪，二、因為上帝要警惕世人，或三、祂要懲罰這個世界。

對不起，我必須說這全都是「狗屁」。

我要很誠懇地告訴你，上帝根本不會「在乎」這個地震是不是在台灣或是在巴西。

「不在乎」？

聽起來很絕情，這哪是你我所熟悉的上帝呢？

但我要告訴你這個事實。不要再讓過去一些「神話」式的解說，把大家哄得天花亂墜。

人犯了罪？這跟天災一點關係都沒有。

創造宇宙萬物的上帝，也同樣創造了颱風、地震，而所有這些自然現象的變動，全都在祂全盤的設計中。

如果你恰巧居住在地震的行徑上，你就會與這些自然現象接觸到……就這麼簡單。

就因為有這些活動的發生，我們人變得更謙卑、更團結、更彼此相愛，生命更是得以重生，繼續延續，整個宇宙都是活的……這才是祂真正的偉大。

如果你不喜歡地震，你可以搬到巴西或阿根廷，因為在那裡幾乎沒有什麼地震。如果你不喜歡颱風，你可以搬到澳洲或紐西蘭，因為南半球沒有什麼颱風。

前陣子在Discovery頻道上看到一個有趣的節目。節目裡介紹到地震、颱風、龍捲風、火山爆發，其實這些變化，對大自然而言是非常「健康」也是「必要」的。

大自然是活的，就像我們人的身體一樣，坐久了筋骨就會痠痛，需要移動一下紓解壓力。地球也是如此，地震、火山爆發都是大自然體內壓力的一種正常調整與重新整合。

颱風、龍捲風對整個大氣層有清洗的責任，也適度地調整整個地球表面一些不平均的氣壓。

我們人體都需要新陳代謝，大自然也一樣。

我們身體所排出來的東西，應該沒有人會喜歡它，但是你不能少掉它。而上帝當初在創造這個世界的時候，也老早就設計好了這些平衡大自然生態的方法，自從宇宙成形以來，就是一向如此地運作，這就是祂偉大的法則。

我常在教會裡聽到，這些大自然的天災跟什麼世人行惡或行善有關，是一種懲罰、警惕、悔改，我聽了之後，只有一種感覺——「可笑」，但心中更是沉甸甸地難過。

在這已邁入二十一世紀的今日，資訊與知識已經如此流暢，我們仍然用這種恐龍時代「恐嚇」的方式來教導世人，難怪有那麼多的人徹底地遠離教會，走過教會的門口，眼睛連望都不望一眼。

我們常說，「有責任將福音與好朋友分享」，「把福音傳到萬邦」；此時此刻的我們，是不是也該反省一下為什麼這麼多人拒絕教會、拒絕認識上帝？

我們這樣的教導方式，是不是灌輸了錯誤的觀念呢？讓每一個人還生活在迷信與模糊之中。

我要告訴你，上帝絕對會懲罰、也會警惕我們世人。我知道，因為我親身經驗過，也被懲罰得很慘，但是祂的規範都很清楚，只要你做了壞事，你就會得到其因果，就這麼簡單。

這些所謂的天然災害，其實在幾億年前就存在上帝的藍圖中了，祂並沒有刻意地去讓某個地區或某個人遭受到這樣的天災。

而我們今天遇到這些大災難的時刻，只是我們居住的地點與時間和這些大自然的現象剛好交叉到。

這些意外天災的產生，我們不需要自我責怪、歸罪，更不要隨口預言世界末日的來臨。

因為當末日不來的時候，只會降低你自己的「可靠性」(credibility)，更是把你所談論的神的「可靠性」也一併打到谷底。

讓我們在這些痛苦困難之間，彼此更珍惜、相愛、扶持。

這些曾經走過苦難的人，也會因而更堅強、茁壯、美麗；這就是祂偉大的設計。

耶穌，是上帝的獨生子？

幾天前，教會的牧師帶領著大家一起讀經，我讀了三句後就再也讀不下去了，因為這些字句不容易懂就算了，文法也不對，更別說意境也怪怪的不通順。

但在我多年查經的學習中，從來沒有感覺到讀《聖經》是這樣的古怪。

我頓一下想想：《新約》裡的使徒們，保羅、約翰、彼得，他們都是愛主的一些平民，絕不是「莎士比亞」般的文豪作家；而這些經文大都是他們當時寫給各教會的信函，絕對不會刻意地寫些一般人不易懂的深奧詩詞，而《舊約》裡的作者，也同樣沒有必要刻意地寫一大堆讓人看不懂的文章。

這個疑問一直在腦海裡盤旋著。

難道你沒有這種同感嗎？

在困惑的心情下，我無意中打開身邊的中英文聖經對照版，赫然發現中文和合版聖經中，十句裡面甚至有三到四句，不是有語病，就是排版錯誤、文法不通，或因一句話是「肯定句」與「假設句」都未分清楚，導致意境完全錯誤。我只能說「簡直荒唐」，甚至比不上一些台視晚間電影的翻譯程度。

更慚愧的是，這麼嚴重的事，近乎一百年來，教會執迷不悟。而又有多少人打著《聖經》是「絕對神聖」的旗幟，所以不得有任何質疑。

這不是「信心」，這是「迷信」。

上帝的話，我絕不敢質疑。但我也要坦誠地告訴你，《聖經》是人寫的，是人翻譯、編輯、打字、排版、印刷的，這更是不爭的事實，不是嗎？

我認為該是時候了，我們開始面對《聖經》一些最基本問題的癥結。

我隨便舉一個例子：

「所羅門的歌，是歌中的雅歌。」（〈雅歌〉第一章第一節）

你看得懂嗎？

我看不懂。

我問了四周十個馬路上的朋友，看得懂嗎？

如果馬路上的人看不懂，我們又如何寄望他們會有興趣，更別說有意願來學習認識上帝的話語。

十個答案都不一樣，而且都是用「猜」的。

但是你只要把英文版給一個初中生讀，他就能看得懂，甚至告訴你錯誤在哪裡。

英文：“Solomon's Song of Songs”，簡譯是：所羅門的歌中之歌。俗語則是：「以下是所羅門的精選輯」。

失望中，我走到台北的以琳書房，書架上有一本中文《聖經》的新譯版，起碼「通順地」將經文翻譯了出來。另外一本修譯版（聖經公會發行）雖有瑕疵，但已有大幅的改善。

〈約翰福音〉第三章第十六節：「上帝將祂的獨生子賜給他人，教一切信祂的人不致滅亡，反得永生。」

英文：“God sent his only begotten son ……”，意思是說：上帝將祂唯一的孩子賜予世人……原本是以最高雅的方式描述讚美我們的基督，怎麼一轉成中文，就變成「獨生子」。

在英文裡，長輩一般會親切地稱呼一個小夥子son，但這並非表示這個人一定是他親生的兒子。

獨生子？

從古至今，「獨生子」三個字，對一般人而言，從來沒有什麼特別好的印象，只有驕縱、狂傲。

意境是否嚴重地抓錯？

又是否真的是「唯一的孩子」呢？

我不會欺騙你，我會坦誠地說「我不知道」。

因為，我受洗得救至今近三十年了，從來沒有一次上帝劈雷顯現，然後告訴我「耶穌基督」是「唯一」而且是「獨生子」。祂沒有這樣對我說，我又怎能站在眾人前，隨便宣言開口。

如果我還執意，我豈不是在做「偽證」嗎？

但我可以告訴你，你、我都是祂的兒女，因為我們都是祂所創造的。

二千年前，如果我是使徒約翰，在沒有報紙、電視，資訊完全封閉、語言隔閡的時代裡，根本也無法得知亞洲、歐洲、美洲、南美洲以及澳洲曾經還發生過哪些事情。而我的所見所聞，也只有「耶穌基督」。

當然，我也絕對會用「唯一的」或是「獨生子」的方式來描述、來教導眾人我所認識的那位主耶穌基督。

我只能說，在我的生命中，因為我只認識祂，所以耶穌基督在我的心中，就是我「唯一」的主。

不久前，在一個教會家庭聚會中，我將《聖經》譯本裡的一些問題提出質疑，突然遭到一位朋友的嚴厲反駁。他說道：「這本《聖經》字字正確，是神聖的，絕不容任何人質疑」。也因為他的嚴肅抗議，我知道我可能觸犯了我的好朋友。

近午夜時刻，這位朋友來電，很誠懇地告訴我：「從小在學校裡，我們被教的就是不得質疑老師；到了軍隊裡，要服從長官……而《聖經》又是神所啓示的，我們過去都一直被教導不能有任何的質疑，所以請你瞭解，當你質疑《聖經》公信度的時候，對我而言一時的確是很難接受的」。

我感謝這位朋友，坦然相談。也因為他珍惜我們之間的友誼，才會在夜深疲倦之刻，特別撥這通電話給我。

相對的，我也更進一步瞭解這樣的討論，對許多人而言是不可思議的事。所以我慎重地把這個議題列入這本書內，讓各位能更切實地瞭解，我們的《聖經》翻譯與製作過程中有非常嚴重的弊端。

我絕不質疑神的話語，但幾件「人為」的因素，請列入考慮：

1. 一百二十年前翻譯中文時，那些學者當時的英文程度如何？就如我剛剛提到「獨生子」的意境；我若沒有從小生活在國外，只憑字典與教師，我也無法完全體會許多詞句中的意境。

2. 一百二十年前，沒有電腦。一審二審的更改、標點符號的錯誤使用、語意不清的修正，在當時是多麼艱難複雜。現在有了電腦，我自己也是天天使用，很多重要文件三審四審後，仍然常出錯誤。所以，我不但不怪他們，反而更能體會當初排版、修正上的艱辛。

3. 你會發現，《新約》就比《舊約》翻譯得好太多了。顯然，當初是每本經文都交由不同的人或小組負責執行翻譯。相對地，各組成員的雙語程度也會有差異。你往往會發現原文只是一句質問句，卻無意地被翻譯成一個肯定句，過去式與未來式更是常常分不清，導致意境錯誤。

4. 一百二十年前所用的很多詞句，跟我們現在所用的白話文又有一層出入。

5. 很多經文是讚美的詩歌。但是翻譯過來後，卻被我們一字不變地當聖旨。也因為我本身是位寫歌作曲的人，在這方面的體驗或許更是深刻。

希望我們永遠能秉持一個自我反省的心，在發現錯誤的時候，能坦然提出並加以改進，而不是一種鴕鳥心態去迴避問題，或打著「不可質疑」的旗幟，斷然否定這些絆腳石的存在。

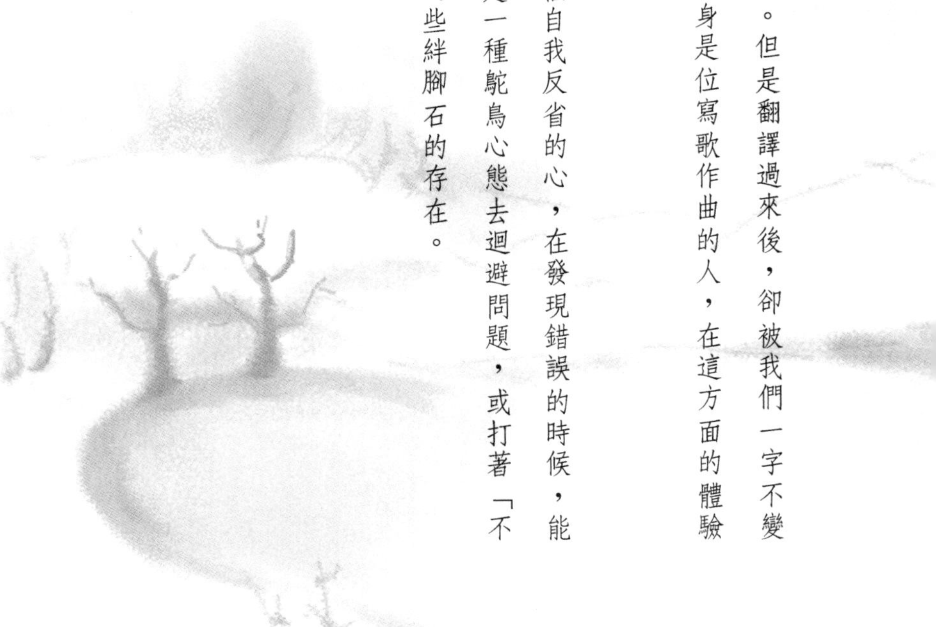

少說為他禱告

「不要為他禱告」，寫錯了吧？

我沒寫錯，你也沒看錯，我說：「請不要為他禱告。」在你看了下面的故事之後，你就會知道我的用意了。

王先生曾經是我公司的副總，也是我多年來的戰友，不論是工作上或是生活上，我們都常常在一起。因此，王太太也和我們一家人非常熟悉。

幾年前，王先生和王太太的婚姻生活非常不順，王先生在事業與婚姻上尋找新出路的情況下，終於決定轉換環境，獨自飛往美國求職，只剩下王太太和兩個小孩待在台灣。

一天晚上，王太太到我們家來，在用過晚餐之後，便開始在客廳閒聊起來。王太太說：「我真的非常希望我的先生是個基督徒，這樣他就能和上帝更親近了。」

「……而且我也常常為他禱告，希望他什麼事都很順利，什麼事都能在主的引導下順利完成，而且我也希望……」

王太太一直在敘述著她是如何誠懇地希望她的丈夫成為一個更虔誠的基督徒。同時，也希望丈夫在各方面都很順利，我則在旁仔細聆聽，不發一語。

「唉！我真的是為他好啊！我告訴他我一直都為他禱告，可是他就是這樣不領情……」

我暗暗在想，這不就和我以前的狀況一樣嗎？

「你在想什麼？David。」王太太也發現我默默地在想事情。

「王太太，當你每次說要為他禱告的時候，你知不知道這可能是很傷人的。」我說。

「傷人？怎麼會？我真的是為他好啊！」王太太非常不解。

「王太太，跟你講一講我和蘇珊（前妻）離婚的事，好嗎？」

「那個時候，蘇珊誣告我動手打她，我還因此被送進了監獄，雖然後來因現場有證人作證，無罪開釋。但那一陣子，我的心裡邊也是跟你現在的想法一模一樣，覺得很不解，我沒有什麼對不起她的，為什麼她要用這樣的方式對我。」我說。

「離婚一年以後，我終於有機會和蘇珊再次碰面，我忍不住地問她，為什麼當初她要以這種手段來結束婚姻。你知道她怎麼回答的嗎？」

王太太搖搖頭。

蘇珊說：「你知道你總是會給我建議，這裡應該怎樣做，那邊應該怎樣做。你什麼事情都為我禱告，但你可知道，每次當你用**神**的名義的時候，你要我如何跟你爭辯。我知道你都是為了我好，但是每當你説你會為我禱告的時候，你可知道無形中，你似乎提升了自己、**神聖化**了自己，但卻讓你的妻子感覺非常非常的**低矮**，久而久之，我找不到你有任何的錯，但是我卻完全失去了自我。終於，我不得不想辦法脱離開這個鐵籠，找回自己。只好用了一些很不得當的方法來掙脱我們的婚姻。」

我聽完之後，眼淚流出，才恍然大悟。

王太太聽完後，也似乎聽到了一些「聲音」。她點點頭。

各位朋友，我們都很希望自己的親朋好友的生活事業能夠順利，也都希望他們能依我們曾親身體驗過的方式來接受與認識上帝。

當然，我們會很自然熱心地為一些朋友祈求禱告。這個出發點絕對沒有錯，只是技巧上，我們也要瞭解，當我們經常對人説「我會為你禱告」這句話的時候，要注意可能會很傷人，因為往往言下之意，似乎在表示我們比他「神聖」或「優越」，或「更接近神」。

難道我們都不要替別人禱告了嗎？

不是，而是「你就直接為他禱告，卻可以不要告訴他」，或整個事過了之後再告訴他。

或者，不要說「我會為你禱告」，可以改為說：「在我的禱告中，我會把你的困難（或心事）放在心上。」

犀牛也有一顆心

一九八八年三月，我跟我的前妻蘇珊離婚已經一年多了。

由於這段婚姻的結束，使得我和銀行之間的往來出現了極大的問題。錄音室和與建山莊的銀行開發貸款，因為離婚手續，負責人之產權在未經法院開庭確認宣布之前，依法全部被凍結。

這當然直接影響到我們整體的經營，導致財務面臨極大的困境。

我的人生也就在這一年中有著一百八十度的巨大轉變。我捫心自問，我絕對沒有刻意去傷害任何一個人，在工作上也從來沒有不努力過。

對於婚姻，雖然仍有許多有待改善的地方，但我絕對絕對沒有刻意地去破壞它。如今走到這樣的一個地步，我真的不知道該哭還是該笑。但是，非常感謝上帝，在這麼艱苦的過程中，祂一直陪伴著我，使得我沒有陷入絕境。

因為我從小就在教會裡長大，始終記得教會中每個人都被教導要對所有的事誠實處理。不管是對你的父母親、你的兄弟姐妹、你的朋友、甚至陌生人，都要以最誠實的溝通相待。而對於我的妻子，也不例外，更何況她是我心靈上的朋友，我當然也不會隱藏任何私事，全部一五一十地以誠實相待。

但我如此的誠實，換來的卻是這樣的結果？

對於離婚，許多長輩也沒辦法給我一個明確的答案，只能說，大概兩人個性不合，緣分已盡了吧！

一天下午三點鐘，我獨自開車在洛杉磯四〇五號公路上往南行駛，正行至Muholland高速公路出口時，聽到KFI AM601電台的頻道上茹斯博士（Dr. Ruth）的座談節目，恰巧在訪問一些離過婚的婦女，我聽到其中一位談話時，她完全抓住了我的注意力，於是我趕緊踩住煞車，將車停靠在路邊，仔細聆聽。

她說：「犀牛也有一顆心（Rhino has a heart, too.），縱然一個人有多堅強的外表，但他還是有一顆脆弱的心。」

她接著說：「對於你的另一半，你不但不能傷害他。相反的，你有責任與義務去呵護他的心、他的感覺。有時，我們假借**誠實**、**坦白相對**之名……其實，那往往只是一種不負責任的行為，很自私地發洩了自己的罪惡感，然後將痛苦轉嫁給對方。」

頓然間，我想我已經知道問題的癥結。

沒錯，我的確不曾刻意地去傷害我的妻子或任何一個人，但我現在更需要學習的是如何去呵護一個人，並保護她的心。

記住，你可以不用去欺騙她，但對於一些事，你有責任不去提它，因為你有責任去呵護對方的心。

Give Me Five, Father!

這天晚上，我跟幾個「酒肉朋友」相約在敦化北路的星期五（Friday's）餐廳吃晚餐。

稱他們為「酒肉朋友」不是沒有原因的。因為這幾個朋友在事業上、工作上或是心靈上，是絕對沒有什麼幫助的，但是只要一有吃的，他們立刻會出現。

而且聚在一起，除了大夥彼此糗一糗之外，真的沒有什麼偉大的建設可言。

若真的要硬擠出幾個優點套在他們身上，大概就是彼此都不會互相利用，不會佔對方的便宜，每次吃喝玩樂，大家都是各付各的，也不會想要設計對方或一些有的沒有的，這些大概就是他們僅有的優點吧！

但千萬別以為我會當他們為知己朋友；總而言之，他們就只是名副其實的「酒肉朋友」。

入座後不久，我們點的餐都來了，真是高興，因為我的肚子快餓扁了，在這些人面前也都不用客氣什麼，於是二話不說，立刻開動。正當我要把那美味的牛排送進我的嘴巴時，其中一位酒肉朋友「發難」了。

「David，你不是虔誠的基督徒嗎？你的飯前禱告呢？」

我就知道他們不會放過我，於是我笑了笑，放下刀叉，舉起我的右手對著天上喊：

「謝謝上帝賜我飯吃，Give me five! Father，阿門。」接著繼續我的牛排大餐。

眾人聽到之後無不噴飯，大聲地說：

「David，你這是什麼狗屁禱告啊！這對你的主尊敬嗎？」

我就知道他們會這麼說，早就等著他們問啦！

「幹嘛，我禱告絕不是禱告給你們看的，上帝是我最好的朋友，是我人生最好的夥伴，祂賜給我飯吃，我不跟他擊掌，難道跟你們這些酒肉朋友擊掌呀！」

眾人聽到我的反駁，個個面面相覷，心想：「第一次看到你這種『勁爆』的基督徒！」

你或許不能苟同我的方式，但每當我這麼做的時候，我知道我與主特別的親近。

道理其實也很簡單。

如果祂真是我生命中最好的夥伴、朋友、天上的父神，用一個比較俗的比喻，縱然祂是「皇帝」，我也可以用一個最親切與自然的方式表達我的心意，不需要任何一些「其它人所制定」的祈禱方式，也不需要在眾人面前禱告給大家看。

其實，我很排斥在眾人面前禱告，除非有特殊的需要與意義。因為，在這個年代似乎「做秀」，或在眾人面前表現自己的「神聖」與「高尚」的成分，已經遠超過我們與上帝之間「心與心」的溝通。

我更要提醒，在眾人面前例行性的祈禱，已經成為「形式化」與「習慣性」。因此，往往會「遏止」一個人發自內心與上帝之間的溝通，及個人在心靈上的成長。

我一般都獨自禱告，或是與家人及幾個好友關起門聚在一起同心禱告。

試問，你與女朋友談心的時候，你會要周圍帶著一大群人在旁邊

「湊熱鬧」嗎？

祂就像一個我隨時可以觸摸得到的好朋友一樣，我出自內心地感謝祂，不管什麼時候，我都想對祂說：

「Give me five，Father!」

附記：嘿！不過可以告訴你一個小秘密。

菜餚太好的時候，難免會想狼吞虎嚥。開動前，靜下來幾秒鐘默禱，讓你身心都平靜下來後再開飯，對消化是有幫助的。這跟信仰無關，但對你的健康倒是有關。

昨天，翻到《聖經》裡一篇很有趣的經文：〈馬太福音〉第六章，第五至八節。在這裡我刻意不寫出來，讓有心者可以自己下點功夫看一看，倒是蠻有趣的！

耶穌去過妓女院？

《聖經》上記載，有一個妓女走在街上，遭受到許多人以石頭攻擊。這時，耶穌立刻擋在這位女子的前面，對著眾人說：「你們之間誰是沒有罪的，就丟第一個石頭。」

這個故事相信很多人也都聽說過。

而每當我聽到這個故事的時候，雖然不敢百分之百，但百分之九十九點九我有把握，「耶穌也去過妓女院」。

等一等，請不要又跳起來，氣忿忿地大罵我污衊耶穌。

我提出來，是有一個非常重要的原因，所以讓我先慢慢地跟各位解釋，或許讀完後，你的氣也會消了。

我在美國的時候，參加過一個總裁企管碩士研習營（PKE-MBA）。這是一個有關企業管理的研討會，與會者一般都來自各大公司、機構的高層主管。講課的地點往往也就在這些公司或工廠裡，拿出公司內部的實際問題來研討，並請來一些資歷較深的教授學者來講課。

在當時，只要一個教授上台不超過三分鐘，我們一般同學就可以分辨出來，他是不是曾經在企業界有實戰的經驗，或者只是一個會寫論文、在大學裡K書本的教授。

若是前者，他説起話來，充滿一種説不出來的「權柄」、「權威」，也立刻可以講到重點。這主要是因為他充滿著實戰的經驗。

另一種則是純K書本出家的教授，他們再怎麼講，甚至台上跳跳舞、説説笑話，我們台下的學生仍舊聽不進去……因為講的東西是

「空」的。

這些教授因為沒有實務經驗，所以只能紙上談兵，似乎原地打轉老是抓不到重點。我也說不出那種感覺，但我相信你一定也曾遇到過這種老師。

第一，如同《聖經》上所說，他來到這世上，是跟我們一樣的軀體，走在我們之中。

我希望我所敬拜的　耶穌基督，是一位有實戰經驗，且能完全體恤、瞭解我們每個人「心靈上」與「肉體上」的慾望。

我不希望他來到世上，只會講一大堆心靈上的大道理，但「身體上」，你我天天面臨的欲望與引誘，他從來沒去體會過。

也因為他親身體會過這些慾望，所以他走出來後，講的話才這麼樣充滿力量與權威。

反過來，如果有一個人從來沒有經歷過這些路，然後對你說：你不要做這個喔，你不要做那個喔，我現在大概就可以告訴你，你可以請他走路，因為他完全不懂你的「生理需要」與「慾望」與……

我今天相信耶穌基督所說的話全是真理，因為我知道祂走過的路比我還多。祂當然值得我的信賴，祂所說的更值得我去聽。

第二點，更要請你注意，我可以坦誠地告訴你，我去過妓女院。因為我去過，我知道裡面的狀況。我可以坦然地告訴你，我對這些妓女比對一些政治家還更尊重。她們憑她們的勞力與身體，提供一些服務，兩廂情願，不搶、不騙、不偷、不驕傲，服務一次賺一次的錢，她們絕對比太多人來得清高踏實。

因為我走過，所以我知道，如果眼見一個妓女在街上被人圍打，我們可以想像到一般人的反應，可能就是：「嘿！大家不要打了，不要打了，趕快報警。」或頂多把人群擋住，然後拉著那位妓女趕緊離開現場。

耶穌不但沒有這麼做，祂反而挺身站在眾人面前說：「你們哪一個人沒有罪的，就丟那第一個石頭」。

一個人要能說出這樣有權柄、並且「深刻」又能「抓到重點」的話，無非是一個曾經親身走過，有這樣經驗的人……因為我走過，所以我知道，你能瞭解這一點嗎？

因為唯有真正走過的人，才瞭解這些人的生活方式、心路歷程。因此，更知道她們需要受保護、需要被尊重。

沒錯，你可以用你的道德觀念來評判她們，覺得她們骯髒、淫蕩、道德腐敗。

但我也可以告訴你，姑且不論她們選擇當妓女是出於自願或是被生活所逼迫，但她們所賺的錢絕對比太多政治人物來得正當。而她們的心，往往也是比這些政治人物來得單純高尚。

然而，我們常受到眼前的勢力與多采多姿的風光所引誘，經常還有許多人為這些黑道政治人物站台、吶喊、呼叫，到底誰的心靈腐敗？

既然如此，李恕權你會不會鼓勵人去從事這種特種行業？有人問道。

不會。

沒有什麼偉大的原因，而這種事也沒有什麼好「鼓勵」的。

因為還有其他更具永續性及更具尊嚴的賺錢方法。

當然，這個問題牽涉到社會風氣、道德，更重要的是對一個人的自我影響。但為避免脫離主題，我們針對這個議題在此就不做更深入的探討。

基本上，我不排斥耶穌去過妓院的可能性。

但如果祂曾去過，我更尊敬祂。

憎恨那些組織教條

今天來到了巴西邊界的一個小鎮，東方市。

一大早打開電視，就看到一則報導在介紹當地一個天主教教會，是一個大約有一萬多人的大教會，教會裡邊有許多年輕的神父，穿著漂亮的制服，在教導人們唱一些新潮的詩歌。

看到這些神父的衣著，讓我聯想到一個問題，那就是「學生制服」的原來用意。其實制服的本身並沒有什麼不好，就像每個學校之間也都有不一樣的制服。

可是，不知道各位有沒有注意到，當初　耶穌及其十二個門徒來到世界上的時候，他們並沒有穿制服，也沒有什麼特別的裝飾品。想想現在許多神職人員，每個人身上都穿著長長的袍子，職位越高，掛的東西就越多，教宗的頭上還頂著一個滑稽的帽子，我想上帝看到，也會厥過去，還真的好笑到極點。

耶穌來到這世界上，要教我們一個非常重要的道理，就是「千萬不要有組織性的宗教」。

你會發現耶穌與門徒們，既沒有教堂，也沒有制服，更沒有一些寫在牆壁上的規章。

再注意一點，祂更沒有分配他的門徒們，甲做總務，乙負責會計，丙負責公關，丁負責教育……

耶穌指的那些法利賽人就是：天天忙著宗教的祭典、儀式、教會裡的行政，最後這些人全部的「靈」卻都是死的。

請你再注意一點，耶穌與門徒聚會時，從來沒有一個固定的模式

──一、詩班，二、宣布消息，三、禱告，四、講道，五、奉獻，六、祝福等，任何一個固定流程。

你知道為什麼嗎？

因為祂清清楚楚地知道，這是人把上帝當成產品在「包裝」。對，說得好聽是──「有效、有規劃的宣揚福音」。

但耶穌心裡明白，這種有組織性的作業，就是扼殺人與上帝之間的親密關係。而上帝在乎的是一個人的心，這世上的福音傳到哪裡，有多少人受洗，對上帝而言，祂不在乎，也不缺乏。別忘了，祂已經存在這宇宙中幾億億億億億億億億億億億億兆光年了，而且祂將繼續存在幾億億億億億億億億億億億億兆光年。

只要自問一下，你和你父親交談溝通或紀念他是用一個固定流程的方式嗎？

如果你對你的父親是三跪九叩，結果是什麼，你知道嗎？

你們兩個人將越走越遠。

耶穌從來沒有設立一個有組織性的宗教。也就因為祂憎恨，反對那些組織性的宗教，而法利賽人又深恐失去他們眼前的威權與利益，所以最後耶穌遭到這些人的迫害。

一旦人一多，猜疑、嫉妒、爭權、奪利、八卦……這些人類的惡性全都會出籠。

人事行政作業一旦複雜，「心」就容易浮躁了。這不是批評，而是一個很自然而且難免的現象。

如果還要再談所謂心靈上的長進、認識神的真理，與神親密的溝通……那就更是別提了。

所有這些制度只有一個作用——阻隔了我們和上帝之間最直接的溝通。

有多少次，我與許多教會裡的神父、牧師們談到此事，十位裡就有七、八位，也想要擺脫這些束縛。

其實寫這本書的目的之一，就是要提醒大家，耶穌是一個釋放自由的主。祂來到世界上就是要帶給我們完全的自由，我們的許多所作所為，卻又把自己一次又一次地綑綁了起來。

這讓我聯想到台灣和美國的教育，美國的學校都不穿制服的。相反的，台灣的學校到高中以前都還要穿著制服，其實這些制服往往是壓抑學生想像力的最大殺手。久而久之，嚴重影響學生們的創造力，更失去獨立思考的能力。

不要再被這些宗教裡的許多教條限制住我們自己了。

耶穌沒有綁住我們，而往往是我們自己綁住了自己。

不要用「禱告」來推卸你的責任！

不要禱告？

對！

有沒有搞錯？李恕權你不會是要我們不要禱告！你是不是邪教徒？

各位，先不要激動。我相信禱告，而且不但如此，我與家人天天都禱告。但我要告訴各位的是，「有的時候」我們不能禱告！

在洛杉磯的時候，我居住的地方有一個教會叫做「道上教會」（Church on the Way），這裡是我每個星期天固定做禮拜的教會。有一天，教會裡需要決議一件事情，但是感覺得出大家都有不同的意見，自然就有人提議說：「讓我們來禱告吧！」

此時，大家也就順其自然，全體站起來禱告。

當正要開始禱告的剎那間，原本坐在台上的海福特牧師突然站起來，往前走到講台前，對著在場五千多名會眾說：「各位，請你們坐下，我們停止禱告！」

現場一片譁然。

這種唐突，令現場有點尷尬。

年輕的我，當時也很疑惑！

海福特牧師請大家坐下後，慢慢地開始跟大家解釋為什麼停止禱告。

他接著說：「很多時候，我們借用禱告，很不負責任地把事情丟給上帝。」

在這些日子裡，我常常遇到一些基督徒，當你問他說：「你覺得這件事怎麼做才好？」似乎標準答案總是：「等我回去禱告完，再答覆你。」

言下之意，乍聽起來似乎這個人是非常尊重聖靈的旨意，但實際上往往卻是一種推卸責任的心態。

我常對我的員工說：「我既然在問你這個問題，就表示我已經授權給你了，就是要你做決定，我不怕你做錯的決定，但我更怕的是你『不做決定』，導致一無所成。」

只要你是神的兒女，我對你就有信心。上帝把你放在一個職位上，你就有百分之百的權柄去做該做的決策。

我現在更要告訴你一個重點：**萬一你做了一個錯誤的決定，我可以保證那個決定絕對不會是超出你能力範圍之外所能應變的。**

我舉個例子，你就完全能瞭解其中的大道理。

1. 如果你不是殷琪女士（高鐵興建工程／大陸工程董事長），你絕對不會被放在一個位置來為高鐵工程做決策。
3. 如果你不是陳水扁先生，你也不會被指定為台灣大陸兩岸政策做決定。
4. 如果你不是李恕權，你也不會被指定來做我公司裡的決策。

總而言之，「你所做的決定，絕對不會超出你能力可以應變的範圍之外」。瞭解了這個道理後，你現在可以大膽地去發揮，好好運用那上帝所賜予給你的權柄。

我更要提醒你，「重複的禱告」，還有「為同一件事禱告數十次」，或是「請很多人為你禱告」……往往是一個非常沒有信心的表現，你的福氣也會因此而被拿走。

別人主動啓口為你的事代禱，這很好。但若是你主動啓口請很多人為你禱告，就是犯了沒有信心的行為。

這裡的微妙差異，你掌握到了嗎？

「沒有信心」，當然信心的能源也就無法釋放出來。在這本書的第一章裡「找回信心的四個方程式」，我已經解釋得很清楚。

「時常禱告」……我絕對贊成。

但要注意，你對人講多了，很容易就逐漸變成一個不負責、迴避事情的人，更會造成你四周的人對你反感。

又要禱告，又不要禱告，李先生那到底如何才對？

差別，在哪裡？

「禱告」，自己禱告，就直接去做。不需要用講的，或告訴別人你要去禱告；就這麼簡單。

試想，上帝把權責交到你的手上，你卻又丟回去給祂。

你知道結局是什麼嗎？

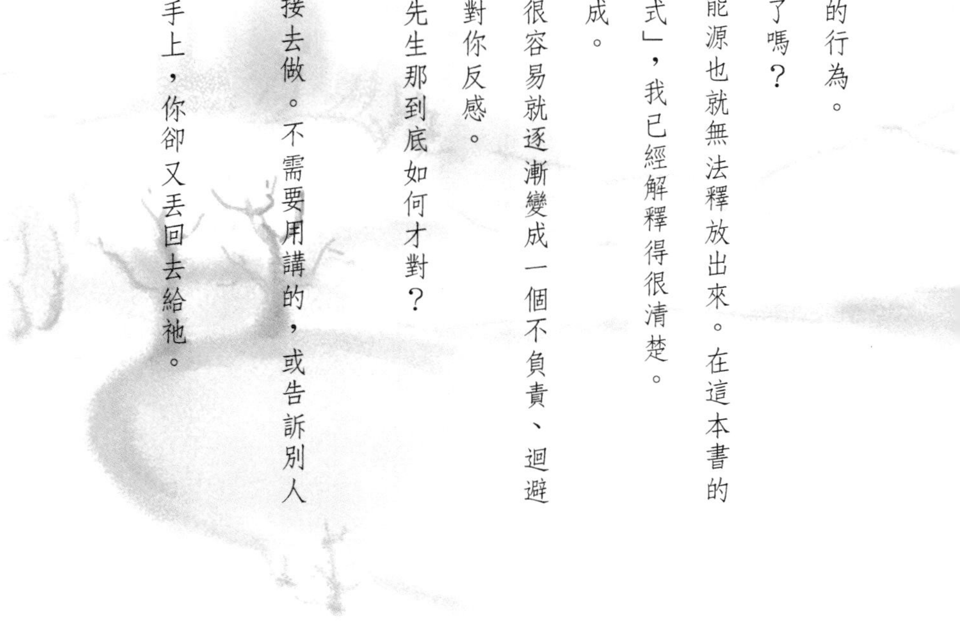

祂會把原來交付你的權柄從你的手中收回。

我的小女兒常常跑到我的身邊跟我說：「爸爸，我要吃糖。」

我跟她說：「女兒，糖果放在桌上，你自己去拿。」

過了不久，女兒又跑來搖著我的手說：「爸爸，我要吃糖，你拿給我吃。」

我跟她說：「女兒，爸爸已經跟你說過糖果放在桌子上，你自己去拿。」

可是，下一次，她還是跑來搖我的手跟我要糖果。

當我的女兒始終不肯將自己的責任扛起來，反而將責任往我身上丟的時候，你知道會有什麼反應嗎？

縱然我會不斷繼續地開導她，但從她不肯承擔責任的態度上，我也會相對逐漸降低我對她的信賴……一直等到她自己由心底覺悟後，願意負擔起責任時，我才能將更多的任務交給她，並賜她更多的福氣。

什麼時候不該禱告？

是不是又在推卸責任？

下次你再聽到有人跟你說，「我要先去禱告」，你就可以告訴他：「今天你坐在這個崗位上，就已經明顯地是被授權了，既然授權了，你就有責任做決定……不要推辭！不然以後你的權柄就會一點點地被拿走了。」

我不反對「一夫多妻」或「一妻多夫」

這裡絕不是大男人主義，也不是破壞風俗，而是誠懇地去面對一些人生的現實，不再做一些道德偽裝，或打著聖靈的旗幟自認清高，或拒絕有一個寬容的心去包容別人可能會有不同的需求。

我只要簡單地問三個問題：

1. 結婚的人，你快樂嗎？
2. 為什麼美國有百分之五十以上的婚姻以離婚收場？
3. 另外百分之五十沒離婚的，其中至少百分之八十五有外遇？

難道我們還不能面對一個簡單的問題？

我們人類適合婚姻嗎？

我的回答，「不一定，依人而異，所以我尊重每個人有不同的需要」。

「一妻多夫」，我也不排斥。所以請不要稱我是「大男人主義」。

我尊重每個人有不同的生活背景與成長過程。我不能以我自己是單夫單妻的生活方式，就斷定其他每個人都一定適合這種婚姻方式。

在這裡，先講一個小故事：

一次，在教會中大夥在籌辦一個活動，需要推舉一位承辦人來負責這個活動的相關事宜。

陳先生平常不太説話，但常常到教會中來服務。這一次的活動，陳先生很樂意地主動提出願意做義工服務，於是大家便通過由陳先生來承辦此次活動。

可是，在會後的聚餐上面，卻聽到其他人在討論陳先生的婚姻狀態。據說陳先生是有兩個老婆的，教會中的一些人便議論紛紛。陳先生他有兩個老婆，是有罪的、是淫亂的，可能會對教會的形象造成影響，因此決議撤換了主辦人。

我聽到這消息後，覺得很難過。

嘿！耶穌教我們最重要的一件事，不就是不要批判別人的是非嗎？

誰是，誰非，這不需要由我們來決定。這完全屬於那個人與上帝之間的事，我們只要負責付出我們的愛。可惜的是，這些評判充斥在每個教會之中，導致多少人滿心歡喜地來，卻又失望地離開。

多年前，我有一個非常尊敬的長輩，他有兩個老婆。

在那個時候，我的直覺裡認為這些人真是敗壞道德與風俗。但是，隨著年齡的增長，我發現，這些人在他們的生活領域中活得比那些所謂「正直」的人快樂多了。他們的道德、靈性也比許多人還來得清白。

他們不去酒廊、不亂嫖亂賭，這些人的生活中處處可看到一顆敬畏上帝的心。

我也漸漸瞭解，以這些人的個性，以及他們身心各方面的需求，在他們一夫多妻的架構下更是融洽，更符合他們之間每個人的需要。

我們需要尊重每個人都有不同的個性、成長背景，所以也會有不同的需求。

我沒有資格霸道地只依照我自己的標準，來告訴別人所應該有的生活方式。

我知道《聖經》常提到我們應該是一夫一妻。但是我也要告訴你，在《舊約》中，許多上帝偉大的子民，大衛王、所羅門王、約伯，他們有多少妻妾？

三千位以上。

這些事，都寫在《聖經》裡。而且這些都是上帝所悅納的孩子。

到底應該一夫一妻、一夫多妻，或一妻多夫？

我不會為你下「建議」。我只會建議你把這件事交給上帝，因為這是你與祂之間的事。我沒資格介入。

我離過婚，所以我非常清楚，婚姻並不見得適合每一個人。而一夫一妻的架構，也不見得一定就適合每一個婚姻。

但你要記住一件事，在這過程之中，你不可去傷害任何一個人。反而，你有責任去呵護她的心。

「別人可以尊重你的需要，但你可以尊重別人的需要嗎？」

耶穌也留長頭髮，為什麼我不行？

一個十七歲的小男孩對著父親說：

「爸爸，今年暑假我就可以正式拿駕照了，可不可以幫我買一部車？」

父親對著兒子說：

「好啊，只要你先答應我三個條件。」

兒子一見父親肯答應幫他買車子，哪管什麼條件，趕緊點頭說：

「好啊好啊！什麼條件？」

父親說：「第一、你要每天按時間把功課做完。」

兒子點點頭說：「沒問題！」

父親接著說：「第二、你要每天整理你的房間。」

兒子頭點得更大力，拍著胸脯說：「絕對沒問題！」

於是父親開出了第三個條件，他說：「你得把你的長頭髮剪掉。」

兒子楞了一下，因為正值青春期的他覺得自己全身最酷的，就是他那一頭長髮，而父親竟然要他剪掉。可是，他心想：「不管，先答應再說，到時候搞不好爸爸已經忘了這檔事兒了。」

於是，這位年經人仍然拍拍胸說：「沒問題！」

父親見兒子已經答應了這三個條件，也很爽快地說：「好，只要你能在三個月之內，將這些條件完成，我立刻幫你買車。」

三個月來，兒子每天乖乖地把學校的功課一件一件地做完。房間也都整理得一塵不染，簡直跟以前的他似判若兩人，唯一沒通過的是他的寶貝頭髮還是沒剪。

三個月的時間終於到了，兒子興沖沖地跑到爸爸身邊說：「爸，你不是要幫我買車嗎？」

爸爸說：「對呀，前面兩個條件你都做得不錯，可是第三個條件呢？」

兒子回答：「為什麼一定要我剪頭髮，耶穌也是長頭髮呀，華盛頓也是長頭髮呀，這些偉人個個都是長頭髮，我為什麼就不能留長頭髮？」

老爸於是笑了笑，回答說：

「沒錯，這些偉人們都留長頭髮，但你有沒有注意到——他們都是用腳走路的，那麼你也繼續走路吧！」

一個蠻有趣的故事，但裡邊卻有著一些道理，不是嗎？

同性戀，你真的能尊重彼此間的差異嗎？

星期三晚上，大夥約在東區一家咖啡屋相談下個月教會裡的一些活動。製作人與主持人準時到齊了。邊聊天，邊等待另一位演出同工出現。

不久，這位先生出現了。令人驚訝的是，他全身帶著強烈女人的氣息，超「雌性」的手足語氣，坦白說，真的也有點讓我難以招架。

散會後，我獨自走在馬路上，回想起大學時代，我的確有很長的一段日子，非常排斥同性戀。

在德州念高中時，在那當時既保守又鄉村的西部牛仔地區，我還記得看過一些同學在體育課時，一擁而上，將一個「像是同性戀」的同學褲子在眾人面前扯下。

可能因為我當時身體弱小，語言不通，又是全校唯一的中國學生，眼見這一切，縱然心裡很難過，卻因為怕被孤立或被其他人修理，只得站在一邊含笑旁觀。

到了大學時期，有幾次同學相約，星期五晚上九點後，駕著他們的Pick-Up貨車，成群結隊地到一些同性戀俱樂部區域去飆車揍人。

前日，新聞報導一位國中男生，在學校洗手間內意外死亡，外傳此學生可能因為娘娘腔，而遭同學排擠。

過去多年來，在幾次的工作場合上，有機會與很多「同性戀」敞心交談後，對他們在心理與生理上的需要，也逐漸進一步地彼此瞭解與體會。

當時的無知，虛偽的自我正義感，甚至打著「上帝的旗幟」，引

《聖經》的話批判這些人的所作所為是不為神所悅納的。甚至經常在一些教會的引導下，打著「我們愛他們，但我們要幫助他們離開惡行」這些論調，帶著「有色眼光」來「愛」他們、「關心」他們，但心底下卻……

這些台詞，表面上真的是「清高」，但背後卻對異於自己的人，充滿了無限排擠。

我只有一句話好說：「我對我自己過去這些想法感到慚愧。」

我不是同性戀，也對同性戀沒興趣。但我開始自問，「如果這些人的行為不是　神所悅納，上帝又為何賜給他們這樣的身體、心理的需求、基因與個性？」

難道我們的心已經變得這麼狹窄，不能容納別人可能會有與我不同的需求？也看不慣別人可能用不同的方式，快樂地享受人生嗎？

假設「同性戀」是一種惡行，對或錯，這根本與我無關，這不是應該交由上帝來決定的嗎？

《聖經》教我們的第一課就是互相包容、相愛、不批評。

而走到今天各地的教會，「神聖」的形象擺得越前面，上帝交代我們的第一件事，卻越是一點都沒做到。

大家都知道偷、搶、殺是罪，因為這直接侵犯到別人的權益。

也有人說吸煙、喝酒、發脾氣，都是一種罪。

那我更要告訴你，那些天天「打著上帝的旗幟，批判別人是非，或指著對方鼻子說你的宗教不對，我的宗教才對」……這本身就是罪。

我們已經犯了這樣的罪，卻還無知地自認「清高」、「聖潔」。

歷史上的每個戰爭、屠殺，不都是在認為自己的「對」才是「對」的這種心態下造成的嗎？

上帝要我們活在這世上，不是來指責誰對、誰錯，而是彼此相愛，包容、接納那些與我們不同的人。

如果真有地獄，下地獄的人搞不好不是他們，而是我們這些自以為「清高神聖」的人。你會發現，反而是那些「同性戀者」他們可沒有打著上帝、聖經之名，來批判或打壓任何人。

你愛一個人、你的妻子、孩子，你就會站在他的角度為他著想，體會他的需要。

我們曾否為這些「同性戀」想過，這是他們的需要？

我們什麼時候才能學會「尊重彼此之間的差異」？

摸著心自問，他既不傷害你，也不侵犯你，為何對「同性戀」又如此排斥？

不久前，美國一位專家講出之後，我才恍然大悟：

1.因為對「同性戀」的無知，就會很自然地產生恐懼與排斥。就像很多人一見到電腦就有恐懼感，為什麼？這是因為他不瞭解電腦。相對地，因為我瞭解電腦，我天天用它，所以不會有恐懼與排斥。

2.因為「同性戀」出現時，會對自己已有的「性方向」（Sexual Identity）挑戰，相對形成了一種心理「威脅」。

保羅在《聖經》裡說：「不可以不男不女，不可同性戀……」

我絕對贊成，在一個缺乏適當性教育的時代，狹窄封閉的社會圈，人與人之間缺乏瞭解的環境下。他如果不這樣教導，我還會深感意外呢。

但我們要開始有能力分清楚，「道德」與「風俗」的差別。同性戀不是「道德」議題，乃是一個「風俗」議題。

在保羅時代，當地的「風俗」不允許或不歡迎「同性戀」，這點你我可以理解。但只要他越過喜馬拉雅山，走到中國，或搭個船到舊金山，可能就會有另外一個不同的答案。

從「道德」的角度而言，同性戀是對是錯，我已經把這個問題交給了上帝，大可不用由我來決定。

僅僅三百多年前，教宗還打著《聖經》的原則，為了打壓「邪説」，活活地把伽利略抓去監禁八年，只因為伽利略發表「太陽中心説」認為地球不是宇宙的中心。

多少無知與荒唐，都曾經可笑地打著宗教「正義」的旗幟。讓我們不要再犯同樣的錯，你可以接受每個人因為成長過程的不同，而在個人的性方面，各有不同的需要與想法，你可以接受嗎？

我可以，我希望你也可以。

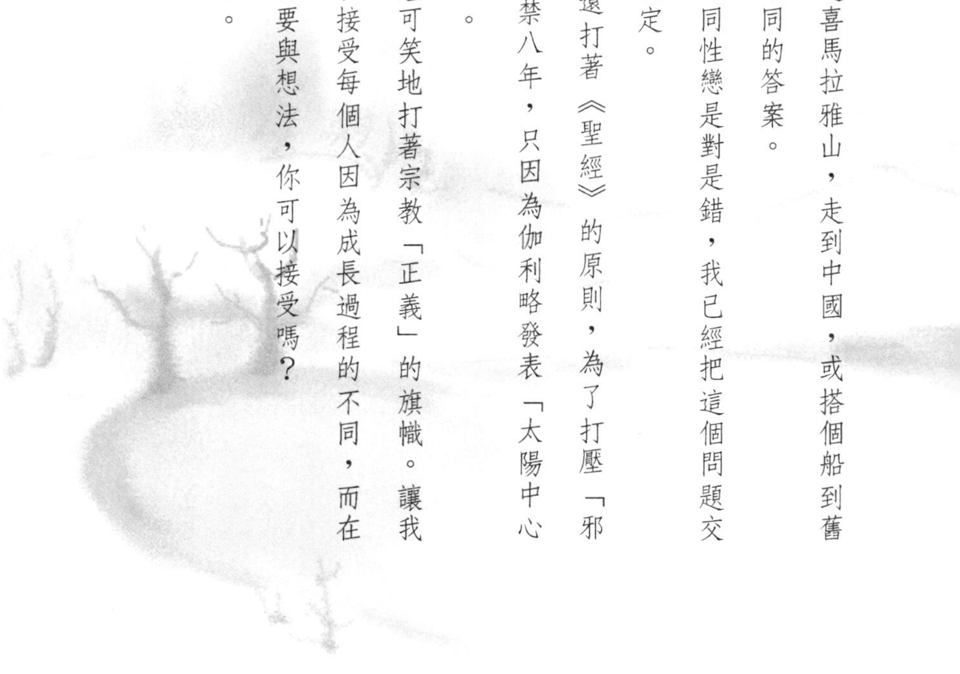

巴里島什麼神都有？

前幾年去了一趟巴里島，這是個很美麗的地方，建議各位有機會的話不妨去走走。

在這次的旅行中，我發現一個很有趣的習俗，就是當地的人什麼都拜，那裡有各式各樣的神，山有山神，連一棵樹當地的人都在拜。而且廟宇裡的神明個個面目猙獰，它們的神明讓人看了就心生畏懼。

對於這樣的情況我也很好奇。於是，我問起我們的導遊說：「為什麼這些神明每個看起來都很兇惡，一般神明不是比較屬於正氣凜然的嗎？」

導遊笑了笑說：「這些神明很多都是當初政府為了收稅，但又害怕人民不繳納不服從，才設計出來的，並恐嚇人民如果不繳稅，就會遭受到懲罰。」

在以前，交通資訊不發達的時候，政府無法有效地控制人民，只好利用這樣的方式，將妖魔鬼怪的故事，放在學校的教材中或藝文中留傳教導，甚至列為教科書裡的一部分散播於民間，好使得過去的宮廷得以控制社會與百姓。

在這一次的旅行中，我更深一層地感謝上帝。因為祂從來沒有用什麼黑臉的鬼相來恐嚇我。相反的，主耶穌放棄自己的生命，用愛、用最簡單沒有任何長袍衣冠、禮儀，把神的道用最直接簡單的話教我們：「只要信祂，就得救，就可以脫離克服所有一切的詛咒及綑綁」。

不需要什麼「做法」、「神靈」，也不需要任何「儀式」，因為祂在乎的只是我們的心，就這麼簡單。

有多少人過去被這些亂七八糟的神明鬼怪給弄得糊里糊塗，處處生活在恐懼之中，時時感覺被某種不知名的邪力給綑綁，生命的支離破碎似乎永無止境。

但自從我認識了上帝之後，在我承認與願意接納耶穌是我生命中的主，就在那一剎那，不超過五分鐘，我渾然知道我完全是祂的孩子了，所有的綑綁，全部破損並且釋放，沒有任何一個人、一個鬼可以擋得住我了。

謝謝祢，我親愛的父神。

「哈里路亞」……你的媽！

下午隨著訪問團來到世界第二大瀑布——南美洲衣瓜蘇瀑布。

看著原本靜靜流動的河水，流到懸崖之後，竟然可以激盪出這麼美麗又壯觀的水中奇景。

「哇！」我心裡不斷地感嘆著，「真是太壯觀了！真是太美麗了！我們的上帝——造物者真是太偉大了！」所有大自然中許多美麗的景象，就如同是上帝一手精心策劃的一場秀，一場無與倫比的秀，假如這宇宙的一切就是一幅畫的話，我說祂絕對是宇宙中最偉大的畫家。

許多人常常在探討著，這世界上有沒有奇蹟、有沒有神蹟？

是不是要在舞台上或電視上做一些神奇的醫療，奪得一些「芳心」來吸引人，才能證明上帝的存在與祂的偉大？

仔細想想，你不覺得這根本就是很好笑嗎？

任何一個人，只要眼睛一張開，眼前的樹、天上的星星、四周的大自然，在你眼前的，不都是奇蹟嗎？

看看你的身體、你的腳趾頭，不都是奇蹟嗎？

為什麼還非得要看到怪力亂神，才相信祂的存在呢？

我說你身邊到處都是奇蹟，你的兩條腿走在路上就是奇蹟。

電視上常見到一些傳道人站在台上按著別人的頭，大叫一聲：「哈里路亞」，剎那間，病就好了。

一九九七年，美國CBS新聞六十分鐘針對這些「奇蹟神療」，做了一組全盤的深入報導。他們派了整組人馬，運用了一些高科技的偵測器材，在這些聚會的現場掃瞄所有的無線電頻道，終於查出這些「奇蹟神療」的「演出」，全都是人為事先安排，甚至還有一位傳道人的妻子利用無線電，在現場使用雙向通訊的方式，告訴台上配戴著無線耳機的傳道人，東區觀眾裡第十二排第三個人，她的心臟有問題。

我從來不排斥「奇蹟」的可能，因為，我經驗過，相信你也曾經體驗過。

祂在我個人的生命中，已經讓我經歷過無數次的奇蹟。但我知道祂的奇蹟，不是那種「譁眾取寵」，或是摻有任何一點「做秀」色彩的奇蹟。

其實，造物者大可不需要用「表演」這種令人不屑的「小神蹟」，來吸引任何一位信徒。祂一點也不「缺乏」信徒，幾百億年來，多一位信 祂的人或少一位信祂的人，告訴你個事實，祂真的不太計較。

這整個宇宙都是祂所造的，到處都是神蹟了。我真的不懂，我們還需要什麼神蹟來證明祂的存在。

有人想要親眼看到奇蹟出現，才相信祂的存在嗎？來……

「Curtains（拉布簾）」、「Lights（燈光）」、「Camera（攝影機機器）」、「Now 開始……」

「嘿！轉頭看看你的四周吧！」

人的虛偽，知道了就好……

大約十多年前，我公司負責製作一個好萊塢節目，叫做Female Foxy Boxing（辣豔拳擊賽），並且舉辦世界巡迴演出，而在亞洲區的第一站，則是在香港著名的大富豪酒店上演。

節目是由十二位金髮藍眼、身材火辣的美女演出。因此，當我們一到當地就立刻造成了轟動。

首演的當天全場爆滿，各界朋友在媒體渲染之下全都蜂擁而至，當然不乏外國朋友。

就在節目快進入尾聲的時候，香港當地的一位主辦單位負責人簡先生，跑到後台，告訴我們的經理，說有幾個日本人願意以高價邀請這些金髮女郎陪他們出遊，不知道美國公司對這方面的意思如何。我被告知後，點點頭，並請簡先生先回去，待會兒再答覆他。

在節目表演完之後，我將所有的工作人員包括表演的金髮美女們全都請到我們的休息室裡，我則站在前方，面對所有工作人員報告今天首映演出該檢討或加強的點點滴滴。

討論結束時，我提到簡先生剛剛要我傳達的訊息。

我說：「你們在這邊表演，難免會有人對你們有興趣。剛剛已經有位簡先生提到外面有幾位日本人，想以非常高的價錢邀請你們出場，在此，我要先表明公司的態度。」

我接著說：「為了各位的安全，我們會拒絕安排或接洽這類事情。但你們大家下班後的時間以及所做的事，不是任何一個公司有權控制的，所以我需要先把話說清楚。如果你一定要接這種案子，公司無權干涉你們的私人行為。但只要是在上班時間，就是公司的時間，我仍然會要求各位準時到達現場，與工程人員做演出前的排練。」

正當我講完這些話，我記得非常清楚，十二個女孩全都站了起來開始臭罵我。

每個人都說：「David，你把我們當成什麼啦，我們是職業演員，我們才不像這裡的女公關，我們絕對不接攬這樣的事！」

我聽了之後只能點點頭，恕我不該提出。我不過是重申公司立場，不建議任何人去做這些事，但是假如有人想要做的話，我也希望大家遵守工作原則，並注意安全，如此而已，別無他意。

說完之後，每個人都還是氣沖沖地回到飯店。

到了第二天中午，吃完午飯不久，就接到一個女孩「辛蒂」打了通電話到我房間，她說：「David，你昨天說的日本人，他們出的價錢是多少啊？」

我說：「大約一千元美金，兩個小時。」

講完後，辛蒂表示如果有機會，她會蠻有興趣的。

長話短說。到了晚上七點鐘，十二個女孩，每個人都打過一通電話到我房間，問相同的事情。

為什麼我要講這個故事？

因為，我們每個人都會努力表達自己崇高的一面。

某些事情，一旦牽扯到個人形象的時候，往往不適於在眾人面前詢問。因為如果你問了，也不見得會讓你得到真正的答案。

其實，這就是「人性」。

只要多瞭解一點「人性」，對你在往後與人溝通或領導方面，都會有很大的幫助。

兒子二十歲，帶他走趟妓女院

我曾經跟我姐姐提過，假如我有個兒子的話，在他二十歲生日時，我會帶他去妓女院走一趟。

姐姐一聽，大聲罵我：「你瘋了嗎？你是基督徒耶！」

我笑了笑說：「這有太多的學問在裡邊了。」

我沒這麼偉大，只有我一個人突然會有這種奇怪的想法。歷史裡，有很多了不起的父親就是這樣教他們的小孩。希臘船王歐納西斯的父親就是如此教導他的。

為什麼？

我說，我不但要帶他去妓女院，還要教他如何用一些技巧跟妓女殺價。

男女做同樣一件事，為什麼男的要付錢給女的？

既然是一種服務，但是又牽涉到一個人的尊嚴時，你知道如何殺對方的價錢，又不傷對方的自尊？

被殺價後，不但不恨你，反而還很開心？

你能做得到嗎？

但是商場上的談判，就是要能做到這一點。人與人之間的溝通更是如此。

你知道如何在針鋒相對的時刻，讓對方接受你的想法，而且是心甘情願地接受嗎？

我長大後，才感到萬分遺憾，因我先父早逝，從未有機會教導我們在這一方面的知識，只好在黑暗裡自己摸索。但我希望我的下一代不需要摸索得這麼辛苦。

因為娼妓這行業，是售賣自己的肉體，對一個人的自尊會有最直接的反應。你跟她殺價，就等於是在貶低她的價值，直接觸及到一個人的自尊。

在這過程之中，我會要他學習如何在不傷害對方的自尊之下，還可以殺價成功。

這對他將來長大後，不管是跟任何人談判或是各方面的協商，都可以在不傷害對方自尊的情況下雙方達到共識。

此外，帶他去妓女院，絕對比嚴格禁止他去妓女院來得好，為什麼呢？

因為，試想若我一直說你不可以去，去就會怎樣怎樣。他一定會整天更好奇，處心積慮地想要去一探究竟。

但假如我陪著他去一次，給他一個很健康的指引，他的好奇心也會自然消失，對這類的事也會有一個正確與成熟的認知。

不會因為在他的青少年好奇心的驅使下，加上四周一些不健康媒體資訊的喧囂，導致他對這一方面有非常錯誤的態度。

報紙上天天有社會新聞，少年械鬥、幫派、搶劫。不用我來告訴你，這些少年十有八九在家中根本就是完全無法與他們的父母親溝通，父母親也不懂他們的心。

我希望努力做一個真的很「酷」的父親。在他們的心中，是永遠可以無話不說的。

帶兒子走一趟兒童樂園，可以增加彼此的感情。

二十歲走一趟妓女院，可以打破所有的禁忌與隔閡。

不相信？試試看吧！

「阿諾」VS.「A片」

假如阿諾的電影或是成龍電影可以在電視上播放，那為什麼A片不可以？

搶劫、殺人、騙計全可以播放，而提倡做愛的片子卻不能播放？阿諾影片中的搶錢、槍殺，而且殺人的姿勢又輕鬆又酷又帥，完全吸引孩童的學習與模仿。

每晚八點檔的武打連續劇，那些殺人、放火、一刀插入胸膛血液噴射的鏡頭，難道不會耳濡目染，認為殺、搶、暴力是理所當然的事嗎？

卡通片裡隨時可以看到米老鼠把炸彈放在大貓的嘴巴裡，其中的暴力處處可見。難道我們還天真地以為這些卡通暴力是OK，不會影響孩子們……別天真了。

說實在的，二者選一，我寧可選A片。

“Let’s make love not war.”（我們來製造愛，不要製造戰爭。）這是越戰期間在美國非常流行的一句俗語。

為什麼我們人類的直覺是如此排斥A片在電視上播放？

在這裡，我要強調，有些A片帶有強暴與變態的鏡頭，那絕對不是我所贊成，或在這裡所針對討論的A片。

我相信，專家學者對這方面也有很多非常好的理由。

但仔細想想，我們可以允許打打殺殺或教人彼此陷害的各種鏡頭，一而再、再而三地出現在電視上，那為什麼提倡人最基本兩性之間很美地做愛撫摸的鏡頭卻不可以出現？

我們已經被洗腦了？還是我們對自己的「性行為」缺乏安全感？或許是不是因為，片中的人物放得開，能彼此享受觸摸的興奮；而我們自己卻在拘謹與傳統的壓抑下，讓這些鏡頭開始挑戰過去所被壓抑的尺度，所以在心理上產生了一種強烈的威脅感？

「性」是自古天下最自然的一件事，也是造物者賜給我們一個很特別的禮物，讓我們可以自己享受自己的身體。

過去，因為「性」，會導致人口暴增，國家貧困，進而嚴重產生社會負擔與動亂，為了保持社會安定，古時候的皇帝可以有一百個妻妾，然後編寫出一大堆教科書，推行於學校與教會裡，要大家少碰「性」。

我們幾百年來一直都被這些宗教、教育洗腦，反而因為看了這些東西會開始不好意思起來了。

因為遊走天下，接觸過各行各業的人，我有一個小小的發現與心得。

一些可以公開播放A片的國家，他們的人非常爽直，侵略及害人之心也不重，更找不到任何挑釁戰爭的潛意識。在一般商業合約談判時，更是爽快、不詭詐，雙方可以面對面、坦率地交談做生意。

反而是那些嚴格管制A片的國家，他們的社會風氣裡，侵略及陰險之心處處可見，談話及口語中，總是帶有一點強烈挑釁戰爭的潛意識，人性也較詭詐。

嘿！你要注意小心那些喜歡故做正經、清高的人，往往充滿了奸詐，他隨時都可能從後面捅你一刀，這些人才是你真正要防範的。

而對一些看A片的人，你倒是可以不需要有什麼太大的防範之心。

是不是我們的教育無形中教育出我們許許多多「假冒偽善」的性格？

是不是該是我們反省的時候了？

難怪自我們人類有歷史以來，戰爭連連，爭權奪利。

如果我們厭惡戰爭，是不是我們該對我們這種「假冒偽善」的社會風氣，開始有一個「重新」、也是「從心」的徹底思考了？

我和我的老婆，決定要在我們兩個女兒到了她們一旦懂事的十三至十五歲年齡時，就主動地陪她們一起觀賞一次A片，告訴她們人是怎麼來到這世間的。告訴她們人與人之間的愛是怎麼個回事，希望從年輕的時候開始，就給她們一個健康、開朗的正確性教育。

然後，當孩子們到成年的時候，我會告訴她們：“Go enjoy it.”（去享用它）但一定要以誠相待，並且不要濫用。

我希望我們未來的孩子們能對這方面有一個更健康、更通達的觀念。

不是封閉、害羞、隱瞞或壓抑的心態。

無論你是喜歡阿諾打鬥片、摔角、拳擊、八點檔武打片或是A片，你的選擇與個人喜好都值得別人尊重。

但當你為自己的喜好做了選擇時，請注意，不要打著「維護社會風氣」的旗子，來「正當化」（justifying）或「神聖化」自己的喜好，但卻用另一面否定別人的需要與喜好。

先不要論「宗教不宗教」，先把自己管好吧！

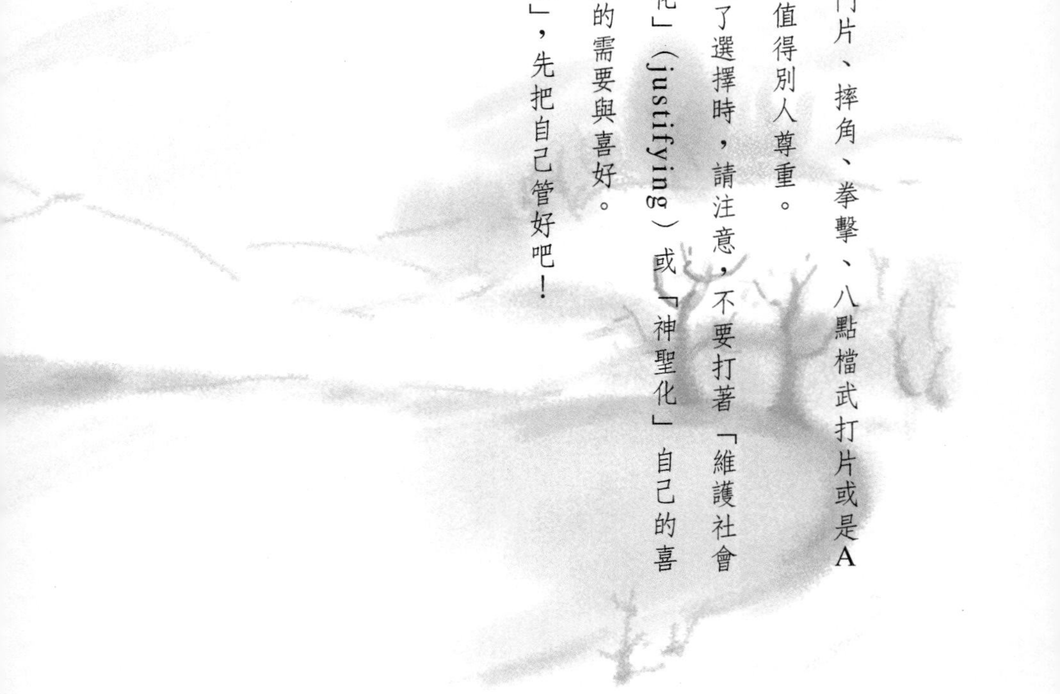

最後……我願意

那是在一個冬天的夜晚。

我十五歲的那一年，也是我來到美國的第二年。班上的一位朋友唯吉（Vikkie）知道我是來自外地，語言不通，全校裡就只找得到三位東方人，一位是日本人，而另一位是當地出生的華人，她一點也不會講中文。

在當年的聖誕節，當全美國人都在瘋狂慶祝的時刻，此時的我似乎更感到孤獨。當時我是與姐姐同住在德州的休士頓。

唯吉的家並不有錢，但卻在上星期，她將一個包好的禮物送給我。

我打開一看，是一雙全新的溜冰刀鞋。頓時我眼淚湧出，因為從來沒有一個朋友是這麼關心我，只憑三個月前的一句話，「她曾問我今年最想要的是什麼？」她居然真的放在心上，把這樣貴重的禮物送給一個沒有身分、毫不起眼的中國人。

這天晚上，同學硬邀請這個當時很害羞的我，來參加一個星期五晚上的青年活動會。因為我當時沒有車，熱心的唯吉就主動地請她的家人，繞了一大圈來姐姐家裡接我。

回到家，已近十二點了。

站在窗口的我，望著窗外的一片白雪。我的眼淚再也忍不住，不由得流出來。

我說：「上帝，我不認識祢！」「三年前，我還向祢挑戰，只要祢有本領，能在千萬人中辨得出那張美國簽證，我就相信祢的存在。

現在我人已經在美國快兩年了，我還是不願意相信祢。」

「上帝，祢是誰？祢到底要我做什麼？」我問。

「孩子，你還記得當你入學的時候，因為你的成績太低，被學校拒絕，送到低能班；還記得，是我如何安排這些人在你身邊，把你慢慢地移到正常班，現在你已經是在高能班了……你還記得嗎？」

「孩子，你還記得，當上百人都擠在你前面申請簽證的時候，是哪位移民官從廁所裡走出來，不小心他推門撞傷了你們後，直接把你接到辦公室裡，最後變成他親自為你蓋章的……你還記得嗎？」

「但是，上帝，我還是不知道祢到底是誰啊！」

「孩子，你還記得，那天在學校裡，你的同學在體育場圍上你，要揍你，把你逼到角落，你還記得那個子魁武的布萊恩（Brian）出現嗎？他不是幫你擋了下來。你還記得嗎？」

「但是，主，難道祢一定要我承認祢才算嗎？」

「孩子，你還記得，當你去巴莎叮納（Pasadena）學區，人家不接受你。你還記得，最後，你是如何被轉到舍吉旺（Sagemont）學區的嗎？然後，還記得當地的李先生李太太，如何出來幫你解決住宿的問題嗎？你還記得嗎？」

「是，是的，我都記得。」我回答。

「孩子，經過這一切，你難道還看不到嗎？其實，這都是我。我對你沒有任何要求，我只是很希望你能稱我一聲『父親』，因為我有千千萬萬的福氣想要給你，但是你的倔強、你的頑固，一直把我推到外面，讓我一直很難很難照顧你。

「孩子，不要再倔強了。」

「但是……」

「孩子，不要再倔強了。

「我只希望你能從心裡，把我當做你們父親，因為我有多少多少的福氣想賜福給你。」

此時，我再沒有任何理由據絕祂，只有跪下來……

我跪著說：「因上帝，因主耶穌，我不知道祢是誰，我也不知道如何來認識祢。祢知道要接受任何一個新的東西，是多麼的難。如今走到這裡，我真的沒有任何資格再說No了。……主，我願意……稱祢為父親。父親，對不起，過去的這一切一切，我就像瞎子，就算見到了，但心中還是一直否認著祢的存在，我……對不起祢！」

這天晚上，我沒有睡。

在以淚洗面之中，我就是這樣接受了主。

從那一天起，我的生命有了改變。

在祂的引導下，我不再懼怕。

過去所有的不可能……變成了可能。

這些年來，我親眼看到祂在我生命中所做的奇蹟。

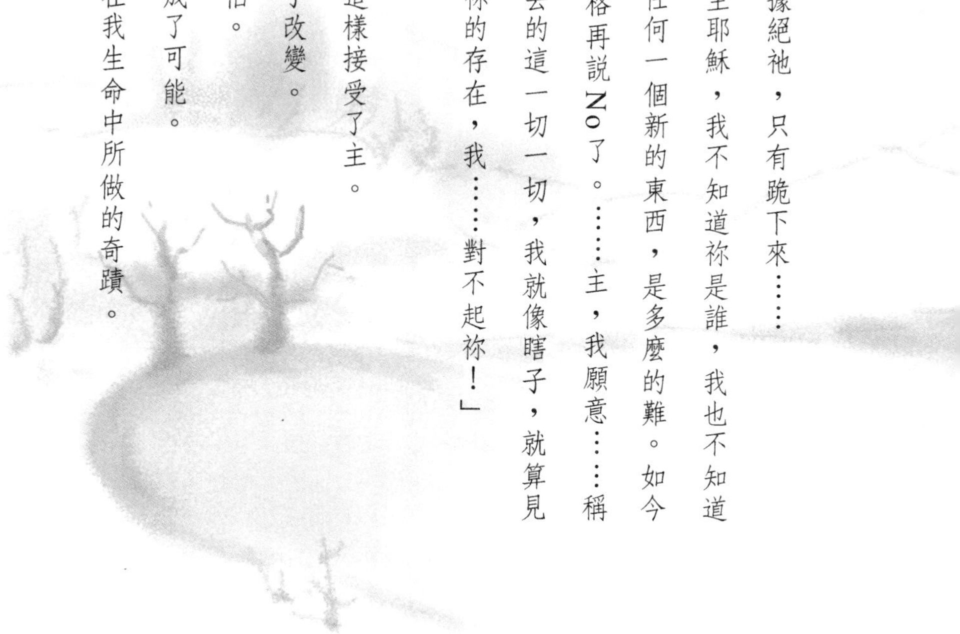

從那天晚上到現在，已近三十年了。

我深深的愛祂，更感謝祂，而這也是我寫這本書的原因與動力。

在此，我誠心地邀請你，一齊把我們的心全部交在祂的手上。

而若是過去，因為一些宗教的「說詞」或「狂熱」，讓你無法接近祂，願這本書能重新給你一些新的思考空間。

而現在認識祂，希望不再是像過去想像中那麼地可怕與遙遠了。

後記：為什麼有心想寫這本書？

後記一

二月二十日難得的星期天中午，與孩子們在一起，正忙著兩個小女兒吃飯時，突然背後一隻有力的手掌搭在我的肩上。個子龐大的A先生親切地問道：「李大哥，你有沒有可能去原住民地區傳道？我們一定要一齊努力出擊，讓教會復興！」

閒聊下，我很誠懇地告訴他，台灣或中國的教會，以目前的狀況下，要想復興？「請恕我直言……很難。」我說。

他詫異地問，為何？

我梗著一口飯，不知在此時是否該如此坦誠地告訴他我深藏內心多年的話。頓了一下，也不知為何，我開始身不由己地開始告訴他：「我很想為我們的社區與教會做些事情，但是……我發現時下太多的教會（應該說『宗教』），天天所談論的『道』都建立在一些奇蹟與迷信的基礎上，對很多需要尋求一些指引的人而言，似乎又為他們的困難提供了一些答案。但在教導的過程之中，卻把所有的責任一乾二淨地推給『神明』，最後教育出一大堆不願意為自己的所作所為負起責任的人。跟人們心靈上的長進，或如何坦然面對現實生活中的一些基本態度，似乎完全脱節了。」

在過去多年來，我觀察到教會裡面，常出現一大堆嚴重的錯誤教導。不僅我有這種強烈的感觸，還有許多來華傳教的牧師，也告訴我，他們有切切同感。這些誤導是不是來自於中文《聖經》譯文裡有嚴重語病所導致？還是……？

譬如說：「你不信主就下地獄……就不蒙福」……類似這些說詞的出現。

嘿！對不起。

你去問問比爾蓋茲，或世界首富汶萊（Brunei）的國王，或可敬的約旦國王，我相信有千千萬萬的人，不見得都是所謂的「基督徒」，而他們一樣蒙得上帝的喜悅，生活也非常成功。

這些就是我所謂的「誤導」。

說實在的，有多少多少人很想與大家同聚在一起，一起敬拜，一起學習，一起來認識那偉大的造物者，但卻因為我們的「迷信」，把所有事情都加以「神話化」後，這些人寧可自稱「無神論者」，或「拒絕承認上帝」，也不願意與任何宗教有任何牽扯。

我自己看到了這些宗教宣傳詞後，不要說別人，我也不會想要去認識那位耶穌，更何況馬路上那百分之九十七的人，有太多時候他們根本就認為我們基督徒是一些頭殼燒壞、搞不清楚狀況的人。

然而，許多人又有一番自我安慰的說詞：「我們本來就是一群受迫害的人，因為……」

今天華人基督徒只佔全人口約百分之三，我自己沒有其它藉口，只有兩個字……「慚愧」。

有多少次，約了朋友到教會來，人已經都走到了門口，卻轉身離開。你我不是都有類似的經驗嗎？

我接著回答A先生，我心中有很強的使命感，但在目前的教會文化下與教導下，只會驅使更多人遠離而不會親近。

我們天天喊著「哈里路亞」、「和撒那」、「以馬內利」、「阿門」。嘿！你就叫我「笨」好了。但，對不起，我是中國人，請用一種我聽得懂的話跟我溝通好嗎？

這些都是外國語言，我在美國很習慣天天用。嘿！但那是因為這都是西方語言裡的一部分，有沒有搞錯啊，我們現在是在中國，十二億人要聽的不是一大堆洋文。我是個唱歌的人，我就算唱得再好，但如果天天唱拉丁歌給你聽，你聽得懂嗎？

我們想一想：「兄弟姐妹不用，偏偏要用弟兄子妹來區分自己」……我說。

在國外教會裡也很少見到這種現象，大家在教會裡或在馬路上，不是都是一樣稱呼“brothers & sisters”嗎？

何時開始，我們處處都在分派系。專有名詞、神學術語也越來越多。對啦，我們區分了自己，卻也把我們自己區分在外面了。

有史以來，不都是宗教在區分人們、製造戰爭？難道這會是上帝的旨意？整個教會文化及太多的教導都病了……還有太多太多故步自封基礎上的問題。

如果我們不能開始徹底地面對現實，反省問題的癥結，只空虛地憑著禱告，仍然不切實際、不拿出行動，然後一味寄望會有多大的改變，對不起……那是不可能的。

今天，科學資訊已經告訴我們天堂不是在天上，地球不再是平的。

不過就在三百年前，哥白尼告訴教皇，人在的地球並非如聖經所述是宇宙的中心，而是圍繞著太陽運行，人在另一端是反的站，海裡的水是倒立掛起來。象徵宗教「至高」的教皇卻認為他是「邪惡」、「攪亂社會」，違背《聖經》而愚蠢地將他處刑，並將他的支持者布魯諾於一六〇〇年二月十七日用火刑燒死於羅馬廣場。而伽利略也因支持哥白尼的學說而遭監禁。

更可悲的是，我們還打著上帝的名號，用那狹窄的心胸，不願包容任何一個「可能的想法」，一次又一次地犯錯，將一些最偉大的人處死，其中當然也包括了耶穌。

今天寫了這書或許得罪了很多人，我特別要請你原諒。

但我誠懇地希望，你能體會我來自內心最深的出發點。

我希望透過這本書，能教導一些踏實、明理的方式來認識這位創造宇宙萬物的偉大真神。讓每一位讀過這本書的人，不再天天生活在情緒化中、感動之中、迷信與神話的邊緣。

透過知識、明理、坦然，讓每一個人的生命更充滿了力量與權柄。

我不期望每一個人都會與我有同樣的想法，但縱然我們不同意，但我會尊重你。

也基於我們同樣尊崇、敬拜一位創造宇宙萬物的主，僅在這一個理由與基礎上，讓我們彼此更相愛、尊重、包容與扶持。

願這本書，誠直地將祂所給予我的啓示，清楚地記錄下來。

後記二

我相信看完這本書，一定有很多地方與你過去所習慣、所相信、所認識的，有很大的差異，甚至牴觸。因為這樣的牴觸，很自然地會造成某種程度上的「威脅」。

對每一個人，任何一個新的想法、新的牴觸，都是一種人生成長的過程。如果，你對自己的信仰真的有信心的話，也不用太在乎別人又說了些什麼、寫了些什麼……不是嗎？

如果，因為這本書的內容得罪了你，請你不要發怒或寫信來罵人。不妨也寫本書，把你對生命的啓示用不同的角度寫出來。

可能在一些人的眼中，我是異端。而我的心卻是非常地愛　主。雖然表達的方式與行為舉止，可能不是你眼中那典型的基督徒，但我卻是發自內心的。

這一年多，我謝絕了所有的工作，全力地把這多年來所累積的筆記與感觸整理出來。其目的只是：

＊無論基督教、佛教、道教，都希望我們的信仰不再繼續建立在一些「迷信」上。

＊讓我們能更坦然地去面對一些人生中較實際的問題。

而每當我看到四周的一些朋友，生活雖是端莊，一生謹守著一些宗教式的教條，雖然自稱「平安」、「快樂」，但內心卻天天在掙扎，在真實的生活裡，卻處處見到的都是「綑綁」、「軟弱」，讓我在一旁感到滴滴心酸。

這樣的信仰與教導，真的完全毀了當初耶穌基督來到這世上教導我們的最原始目的。

只要你相信上帝，你就是祂的孩子。

祂自然會給你充分的智慧，你也會知道什麼是對的、什麼是錯的……我一點都不需要為你擔心，或是來評鑑你是否神聖或腐敗……祂會告訴你的。

最後，有機會在此與你分享是我的榮幸，更感謝你給我這個機會。希望在這個過程中，你我都增長了許多。

祝　平安

恕權　手筆

共鳴？感想？建議？分享？
歡迎你與我們聯絡，我們也會將一些適當、有意義的感言在網路上公開與大家分享。
我們的網址如下：
網址：www.grasshopper123.com

附錄

輕輕聆聽

詞: 李恕權　吳青玉　曲: 李恕權

告訴你一個特別的地方
人人充滿了笑容
口袋裡不存分文
NO, NO, NO, 他們什麼都沒有

但在眼框之間
流出一種 誘人的美
光芒環繞著
美麗穿透著
喂! 請告訴我....

她說: 放下你的自尊心
還有驕傲的面具
只要你靜心的去等待
你會聽到......祂的聲音

"輕輕聆聽那聲音"
告訴我， 如何開始?
讓我眞的感受到祂的愛
敎我如何 輕輕聆聽

匹夫與君王之間
不過都是平凡人
困在無謂自私的追夢中
鐐扣在自己的敎條裡

生命中的和弦
從她的眼中唱出
讓瞎子看得到
聾子也聽到
喂! 請告訴我......

Hear thy Voice
Pre Hook
Verse

HEAR THE VOICE

在之前

詞曲: 李恕權

看看天
又低頭望望地
只想找句話，告訴你我的心

我知道，你的愛會陪我到永遠
在這粉指紅煙的世界裡
我只想依靠你
我不想再掩飾我的心

(這)在之前
你比我更清楚我
在之前
我的心已沉到底

踏過的路，只是帶著我
一步步地認識你
OH， 我只想永遠依靠你，OH!!!!

笑聲中
你知道我心痛的感受
破碎的心被你一片片的撿回來

一個夢，一個願
你的旋律佔領了我
你接受了我，也帶著我
唱出沙啞的歡聲
WOO, 我不想掩飾我的心

Before You
Intro
Verse
Chorus
Bridge

BEFORE YOU
PAGE 2 OF 2
Bb9 C/Bb Bb C/Bb Bb C/Bb C9 C9/D C/E D/F#
G D/F# EM D9 G D/F# EM D9
G D/F# EM D9 C D/C D/B EM EM/D
C C8VA C D/C D/C8VA D/B D/B8VA EM EM D
C
G D/F# EM EM/D C Dsus D7 G

LATELY最近

Word and Music by: 李恕權 & Patricia Grey

Lately, you've been on my mind	最近，常想起你
Lately, I thought I never find	最近，再也找不到
a person who could be my friend	一個真心的朋友
you tought me how to live again	你教我如何活下去
Lately, you've been on my mind	最近，你經常在我心中
Lately, my skies are all blue	最近，一片蒼茫濛濛
Lord, but I am feeling something new	但主，我可以感到你的愛
I just can't tell you how good it's been	說不完的感謝
Never thought I'd learn to laugh again	你讓我找回我自己
Lately, I just want to be with you	最近，我只想跟在你的身旁
You're More than a friend	**你親著我心**
more than a lover	**你吻著我淚**
You thought me how to be free	**你教我釋放了自己**
I'm thinking lately	**我一心在想，**
of asking you, Lord	**想告訴你**
to spend my whole life loving you	**我想一輩子跟隨著你**
Lately, rain's gone away	最近，雨慢慢離開
Lord, the sun's gonna stay	主，陽光悄悄出現
Now I know where I'm going to	看到我走過的路
you give me strength to see it through	你牽我繼續走下去
and lately, I'm just so in love with you	從今，我要永遠永遠跟著你

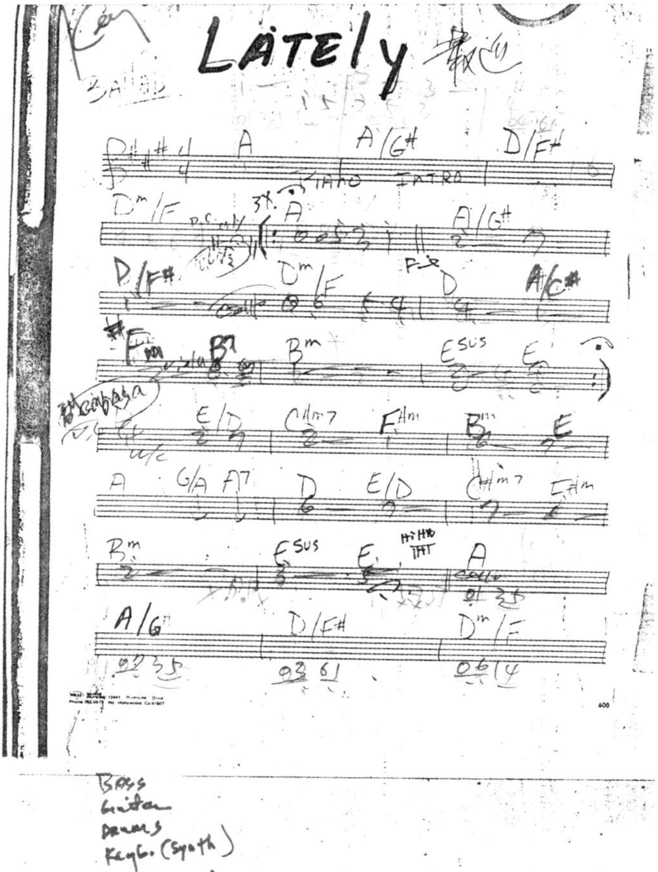
LATELY
PIANO INTRO
Bass
Guitar
Drums
Keyb. (Synth)
Strings – 8
Brass – Trumpet 1 2
Trombone 1
Tenor

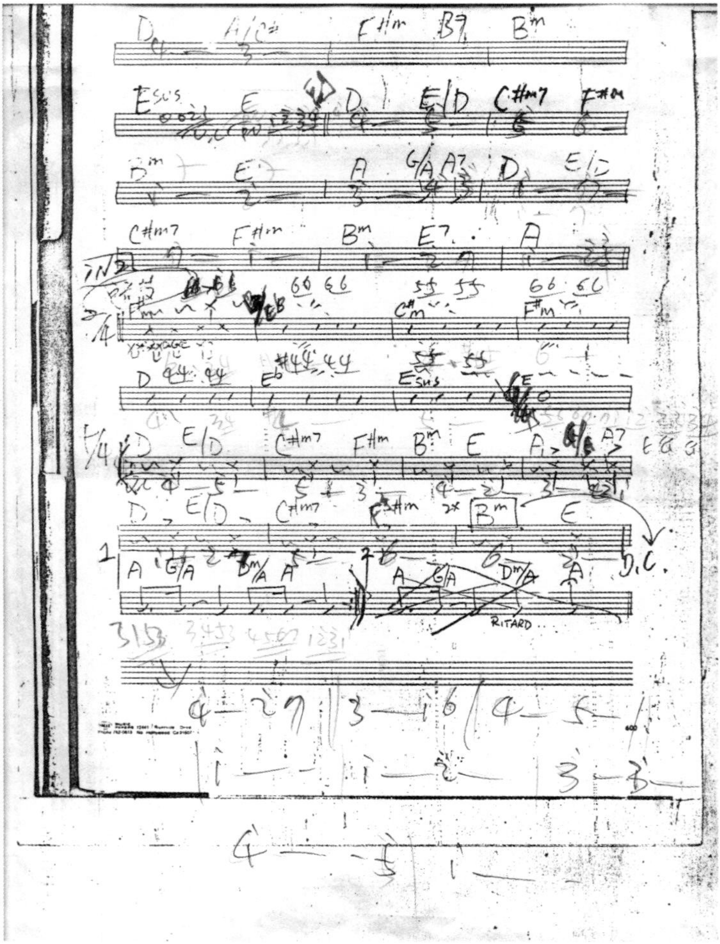
RITARD
D.C.

只依靠祂

Counting On You

曲: Kirk Allan 李恕權　　詞: 李恕權

依靠祂，[redacted]依靠祂
因爲 祂是創造宇宙萬物的主

我深深知道
在這人生的路上
你有無數次的失落
支破的心，讓你
懷疑祂的存在
但祂卻說: 孩子，我會在你身旁

[redacted] 依靠祂 [redacted]依靠祂
[redacted]創造了我，也是愛你的主

命運的咒阻
世代的纏牽
糾纏著讓你黯然低頭
[redacted] 撒旦，依耶穌的名
[redacted]

[redacted] 依靠祂，[redacted]依靠祂
[redacted]創造宇宙萬物的主

只要 依靠祂，只依靠祂
因爲祂創造了我，也是愛你的主

不再傷心，不再找尋
[redacted]祂的犧牲，[redacted]打破， 你的所有綑綁

[redacted] 依靠祂，[redacted]依靠祂
[redacted]創造宇宙萬物的主

[redacted] 依靠祂 [redacted]依靠祂
[redacted]創造了我，也是愛你的主

COUNTIN' ON YOU II
Chorus
Verse
CABASA
X 2

紛紛細雨 (II)

You Finally Found Me

曲: Kirk Hunter　詞: 李恕權

紛紛細雨，飄落不停
不知是窗前 的霧，還是眼裡的淚
你曾知道，我多麼的不願接受
這一切是你，你卻未曾放棄過我

不要讓那黑暗的日子摔倒了你的心
縱然水再深，也不會淹過你的頭膝
因爲我的愛，會陪伴著你，走過這一切
在身邊一次有一次的告訴我

你的聲音，你的溫柔
暗暗無怨， 擔下了我的擔子
我好想說，我不想再一人獨行
請　耶穌，進到我的生命中

不要讓那黑暗的日子摔倒了你的心
縱然水再深，也不會淹過你的頭膝
因爲我的愛，會陪伴著你，走過這一切
在身邊一次有一次的告訴我
(不斷地，有輕輕地喚起)

Page 1
You Finally Found Me
INTRO
Verse
Chorus
Verse 2
Fmaj7 F B
E A/E
D A/C# Bsus B7 B7/A
E/G# B/D# C#m C#m/B
Cmaj7+D G/E C/F Gsus G
now that you care,
come to be with me (yeah)
You finally Found me babe, one more day I'd died.
I finally reach your soul free the love you held in-side.
now you've come to be with me eternally
made your choice and I'm the only one.
13012

page 2
way I always hoped. You brought the
love for which I'd always dreamed.
You finally found me baby one more day I'd a died.
I finally reach your soul free the love you held in-side. You'll never
know what I've been through as it was waiting for you. but
now you've come to be with me E-ternal-ly.
now that you're
mine
now that you care. now that I
know you've given me love you'll al-ways be there. now that you've
come to be with me (yeah) you've made my
life everything it could be.
13012

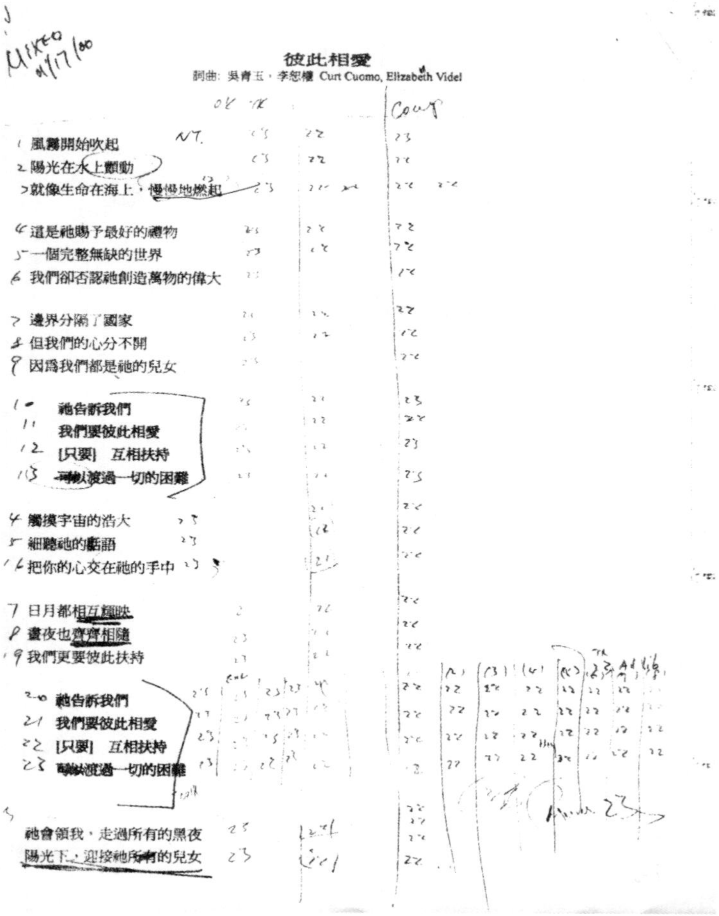

彼此相愛

詞曲: 吳青玉，李恕權 Curt Cuomo, Elizabeth Videl

風霧開始吹起
陽光在水上顫動
就像生命在海上，慢慢地燃起

這是祂賜予最好的禮物
一個完整無缺的世界
我們卻否認祂創造萬物的偉大

邊界分隔了國家
但我們的心分不開
因爲我們都是祂的兒女

祂告訴我們
我們要彼此相愛
[只要] 互相扶持
可以渡過一切的困難

觸摸宇宙的浩大
細聽祂的話語
把你的心交在祂的手中

日月都相互輝映
晝夜也齊齊相隨
我們更要彼此扶持

祂告訴我們
我們要彼此相愛
[只要] 互相扶持
可以渡過一切的困難

祂會領我，走過所有的黑夜
陽光下，迎接祂所有的兒女

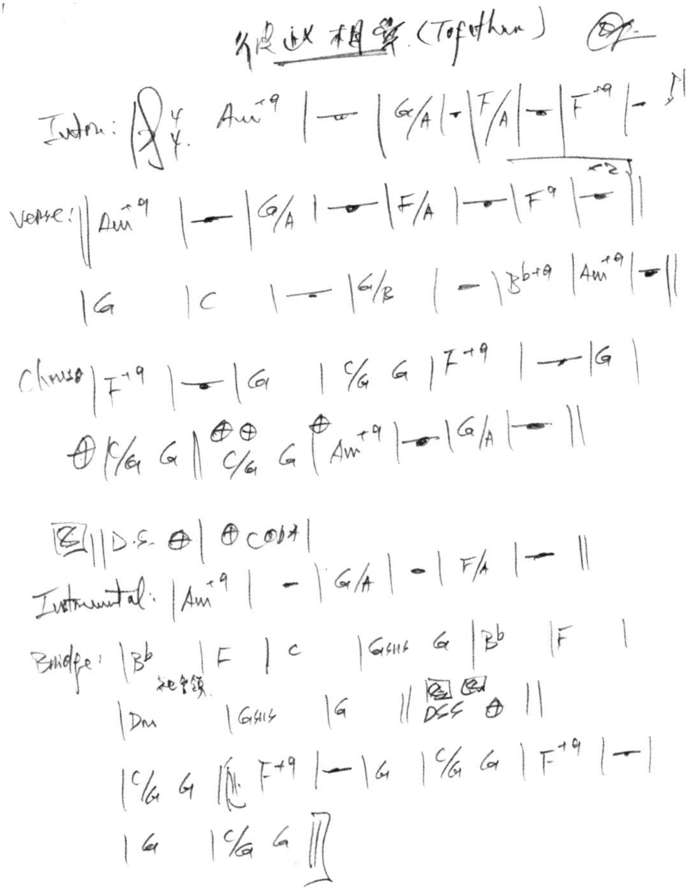
Intro:
Verse:
Chorus
D.S.
CODA
Instrumental:
Bridge:

永遠環繞在你身旁 Building My World Around You

詞: 陳秀珍 李恕權 曲: 李恕權

每當孤獨寂寞來臨時
我自問難道這是你的意思
你出現在我眼前
揮去烏雲，使我看見

一片茫茫的未來
你的出現，使我明白
你的愛讓我高唱
環繞著你 永不停息

永遠環繞在你身旁
你溫柔的手，擦乾了我的淚水

永遠環繞在你身旁
你我相伴一齊，走未來的路

躺在你溫柔的懷抱中
深知我是倍受恩寵
你的笑容 讓我看到
一個新希望， 我相信你

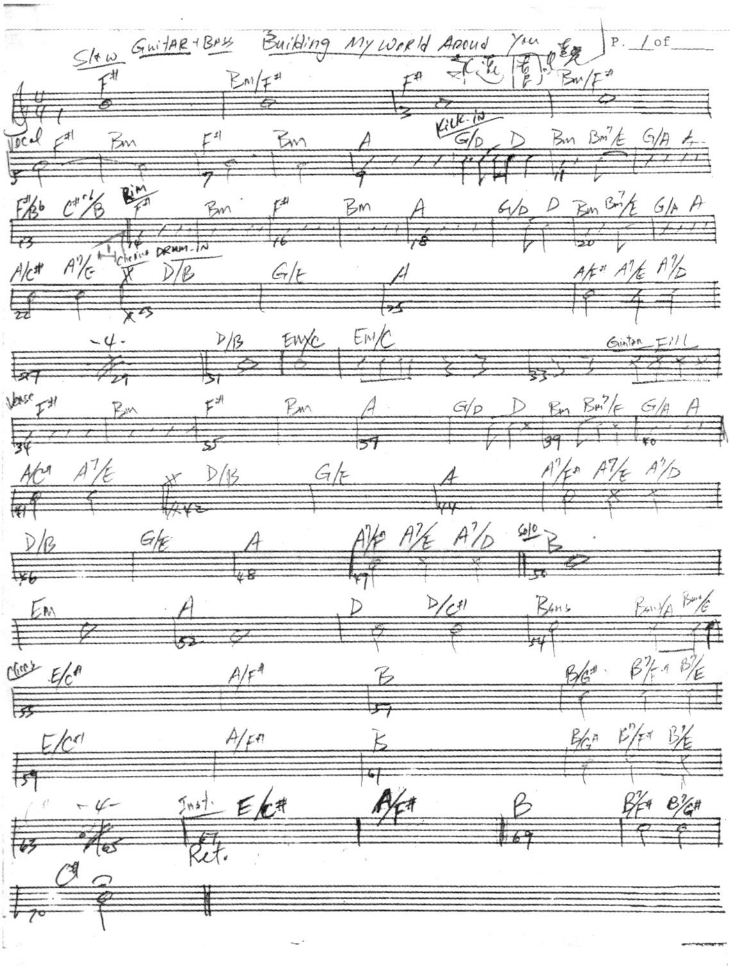
Slow Guitar + Bass Building My World Around You
P. 1 of
Vocal
Kick-in
Chorus Drum-in
Guitar Fill
Verse
Solo
Chorus
Inst.
Rit.

爲何讓你等我這麼久

詞: 吳青玉　李恕權　　曲: 李恕權

A: **爲何讓你等了這麼久**
今天才認識了你
過去的盲目
視而不見你
唯有你，從今是我生命中的主

B: 追尋，　不斷追尋
追尋那天邊的彩虹

期待有人擁我於懷中
盼望有人能拯救我
你在等我，而我卻無知
感謝主，我認識了你

C: 我要與你一起同行
永遠跟隨著你

Why Did It Take Me So Long
為何讓你等了這麼久
Chorus
Verse
Bridge
Chorus

WHY DID IT TAKE ME SO LONG
PAGE 2 OF 2
Bridge
Chorus

Learning To Love Again (九百六十天)

詞曲: 李恕權+， Kirk Hunter

1. 九百六十天
2. 一天天的過去
3. 心中的怨與恨
4. 無底的[illegible]漫延

5. 你的呼聲告訴我
6. 只要向他說抱歉
7. 所有的往事
8. (就在)今天全部釋放

9. **And I am learning，I am learning to love again**
10. **你改變了我，帶走所有的嘆息**
11. **因爲你，I am learning to live again**
12. **你改變了我，擦乾所有的淚水　(帶回往日的笑容)**

13. 過去的傷痕
14. 無人可知
15. 委屈的淚水
16. 滴滴你全都知道

17. 你的呼聲告訴我
18. 只要向他說抱歉
19. 所有的往事
20. (就在)今天全部釋放

21. **And I am learning，I am learning to love again**
22. **你改變了我，帶走所有的嘆息**
23. **因爲你，I am learning to live again**
24. **你改變了我，擦乾所有的淚水　(帶回往日的笑容)**

25. **And I am learning，I am learning to love again**
26. **你改變了我，帶走所有的嘆息**
27. **因爲你，I am learning to live again**

你改變了我，擦乾所有的淚水　(帶回往日的笑容)

Intro
Verse
Chorus
Intro
Verse
Chorus
Inst.

LEARNING TO LOVE AGAIN
F/G G Gsus Fill
C G/B Am9 G C C Bm9 Asus A Fill
D9 D/F# G D/F# Em D/F# Asus A
D D/F# G D/F# Em D/F# G A D9 G/A
Repeat

挑戰你的信仰

現代生活系列12

著　　者／李恕權
出 版 者／揚智文化事業股份有限公司
發 行 人／葉忠賢
執行編輯／陳冠霈
登 記 證／局版北市業字第1117號
地　　址／台北市新生南路三段88號5樓之6
電　　話／(02)2366-0309 ・23660313
傳　　眞／(02)2366-0310
E-mail／tn605547@ms6.tisnet.net.tw
網　　址／http://www.ycrc.com.tw
郵撥帳號／14534976
戶　　名／揚智文化事業股份有限公司
印　　刷／鼎易印刷事業股份有限公司
法律顧問／北辰著作權事務所 蕭雄淋律師
初版一刷／2000年11月
定　　價／新台幣250元
ＩＳＢＮ／957-818-202-3

國家圖書館出版品預行編目資料

挑戰你的信仰 / 李恕權著. -- 初版. --臺北市：揚智文化, 2000〔民89〕
面：　公分. --（現代生活系列；12）

ISBN 957-818-202-3（平裝）

1.基督徒 2.基督教-信仰

244.9　　89014024